초등학교 입학 전
부모가 해서는 안 되는
말과 행동

초등학교 입학 전
부모가 해서는 안 되는
말과 행동
109

다테이시 미츠코 지음
서현아 옮김

글을 시작하며

　공부 잘하는 아이, 선생님에게 사랑 받는 아이, 자기 표현이 분명한 아이, 친구와 잘 어울리는 아이…. 이는 아이의 초등학교 입학을 앞둔 부모들의 한결같은 바람일 것입니다.

　부모들의 이런 바람은 초등학교 입학 전 가정교육에 달려 있습니다. 인사하기, 신발 가지런히 놓기, 아침에 혼자 일어나기, 유치원 가방 직접 챙기기 등 기본적인 생활 습관은 유치원이나 초등학교에서 가르쳐 주는 것이 아닙니다. 더 어릴 때 가정에서 지도해야 하는 것이지요.

　더욱이 초등학교 입학 전까지는 다음 네 가지를 할 수 있어야 합니다.

　· 선생님이 말하는 내용 이해하기

- 교과서 혼자 읽기
- 40분 동안 한 자리에 앉아 있기
- 학습하고 이해하는 경험 해두기

하지만 생활 속에서 구체적으로 무엇을 해야 할지 막막한 부모님이 많을 것입니다. 그런 분들을 위해 '지금부터 해야 할 일'을 가장 현실적으로 설명한 것이 바로 이 책입니다.

저는 한 해 7천 명의 아이들을 가르치는 교육 현장에서 수많은 가정을 지켜볼 수 있는 기회를 가졌습니다. 이 책은 그렇게 오랜 세월 동안 보고 느낀 것들을 109개의 항목으로 정리한 것입니다.

이제 부모로서 자신이 해온 말과 행동들이 아이에게 어떤 영향을 미쳤는지 스스로를 돌아볼 시간입니다. 또 부모로서 아이가 인생의 첫 난관을 잘 극복하도록, 나아가 행복하고 균형 잡힌 성인으로 성장할 수 있도록 이끌어 주기 위해 유년기에 무엇을 해줘야 할지 생각할 시간입니다. 이 책을 덮을 때는 아이는 물론 부모님 자신의 생각도 부쩍 자라 있을 것입니다.

차 례

글을 시작하며 5

부모의 신념 편

**부모가 해서는
안 되는
말과 행동**

무엇이든 알아서 해준다 15
보호와 간섭이 지나치다 18
작은 위험도 눈감아주지 못한다 21
성급하게 결론을 조장한다 23
하나부터 열까지 지시하려고 한다 25
대충 넘어가는 법이 없다 27
우산이라도 잊고 오면 호되게 야단친다 30
핀셋으로 도시락을 싼다 31
뭐든 1등이 되어야 한다고 가르친다 33
학예회 주인공은 내 아이가 해야 한다 35
아이가 무슨 일을 해도 샌드백처럼 두들기기만 한다 37
놀이터에서만 좋은 엄마인 척한다 39

다른 사람 앞에서 자기 아이를 깎아내린다 41
다른 아이와 비교한다 43
유아기에 고전을 읽히는 것은 무익하다고 생각한다 45
약점을 드러내지 못한다 48
마음에도 없는 말로 겸손한 척한다 50
남의 배려에 지나치게 기댄다 52
감정을 억누르기만 한다 55
아이의 이해도를 테스트한다 57
유아 교육을 영재 교육으로 착각한다 58
스킨십을 하지 않는다 60
말로만 '남을 배려하는 아이로 키우고 싶다'고 한다 62
집중력만 키우면 된다고 생각한다 67
나와 다른 사람을 받아들이지 못한다 68
발달장애아에 대한 이해가 부족하다 71

2 언어 습관 편

부모가 해서는 안 되는 말과 행동

유아어를 사용한다 77
부모를 '엄마, 아빠'라고 부르게 둔다 79
집에서 높임말을 쓰지 않는다 81
높임말을 잘못 쓴다 83
'빨리빨리'를 입에 달고 산다 85
'완전', '짱', '미쳐' 같은 비속어를 자주 사용한다 87

우리말과 영어를 섞어 쓴다 89
무슨 일이든 장황하게 설명한다 91
에둘러 말한다 93

훈육 편

부모가 해서는
안 되는
말과 행동

아이를 제때 훈육하지 않는다 97
진지한 태도로 꾸짖지 않는다 100
아이에게 얕잡아 보인다 103
잘못한 일을 꾸짖기만 한다 104
늘 명령하듯 말한다 107
기분을 조절하지 못한다 109
의미 없는 협박을 반복한다 111
어쩔 수 없는 사실을 들먹인다 112
인신공격성 비난을 한다 114
형사처럼 심문하듯 한다 116
있지도 않은 사람에게 고자질을 한다 118
타인의 권위를 빌려 위협한다 119
아이의 감정을 부정한다 121
아이의 거친 행동을 활달하고 씩씩한 것으로 착각한다 123
아이의 의사와 떼쓰기를 혼동한다 125
아이의 요구를 100퍼센트 받아 준다 128
아이와 친구처럼 지낸다 130

"아까는 엄마가 너무 심했다"며 했던 말을 취소한다 132
당근전법을 남발한다 133
아이의 거래에 쉽게 넘어간다 135
관심을 끌려는 행동에 쉽게 넘어간다 137
'아파', '졸려'라고만 하면 너그럽게 봐 준다 140
아이의 말을 모두 곧이곧대로 받아들인다 141
너무 어린애 취급을 한다 143
지나치게 칭찬한다 145
질문을 귀찮아한다 148
잘 모르는 것을 아는 척 가르친다 149
어른의 이야기에 끼어들어도 그냥 둔다 150
어린아이가 전화를 받게 한다 152
자세가 나빠도 그냥 둔다 154
아는 사람을 만나도 모르는 척 지나친다 157
미적미적 밥을 먹어도 그냥 둔다 159
도시락에 좋아하는 반찬만 넣어 준다 161
음식을 가려먹지 말라며 억지로 먹인다 162
어른과 아이 반찬을 따로 준비한다 165
집이 쓰레기장 같거나, 반대로 모델하우스 같다 167
아이에게 집안일을 시키지 않는다 170
말로만 떠들고 모범을 보이지 않는다 172
아이 사진이 든 연하장을 아무 데나 보낸다 174

생활 습관 편

부모가 해서는 안 되는 말과 행동

밤 9시가 되어도 아이를 재우지 않는다 ……177
아침마다 아이를 깨워야 한다 ……179
아침 배변 습관을 들이지 않는다 ……180
아이 방에 책상과 의자를 들여놓는다 ……182
아이가 걸레 짜기, 끈 매기, 옷 개기를 할 줄 모른다 ……185
차분히 앉아 있는 습관을 들이지 않는다 ……188
유치원 졸업 후 봄방학 내내 놀게 한다 ……191
숙제를 아이에게만 맡긴다 ……193
소지품에 이름을 쓰지 않는다 ……195
1년에 네 번 이상 장난감을 사 준다 ……197
텔레비전을 친구 삼게 한다 ……199
아이 앞에서 선생님 험담을 한다 ……201
소소한 제출 일자를 지키지 않는다 ……203
행사나 학부모회의에 늦거나 말도 없이 빠진다 ……205
학부모회의 때 늘 뒷줄에 앉는다 ……207
유아용 캐릭터 그릇에 밥을 먹인다 ……209
아이라고 손에 잡히는 대로 입힌다 ……211
전철 안에서 과자를 먹인다 ……214

5 초등학교 입학 전야 편

부모가 해서는 안 되는 말과 행동

초등학교를 유치원의 연장으로 여긴다 219
아이의 성적밖에는 관심이 없다 221
초등학교 수업을 만만하게 생각한다 223
학력이 인격 형성에 미치는 영향을 모른다 225
100까지만 셀 줄 알면 만족한다 227
아이가 시계를 볼 줄 모른다 229
그림책을 읽어 주면서 아이를 테스트한다 232
그림책을 교과서처럼 활용한다 233
전래동화를 들려주지 않는다 235
잔혹한 그림책은 보여주지 않는다 237
책을 소리 내어 읽지 못하게 한다 238
그림은 칭찬하면서 글씨는 나무란다 240
틀린 글자를 빨간 펜으로 고쳐 준다 242
운동을 잘하면 공부는 안 해도 된다고 생각한다 244
공부를 못하는 아이의 좌절감을 체감하지 못한다 246
교과 내용을 미리 알면 선생님이 싫어한다고 생각한다 249
교과 내용을 미리 알면 수업이 따분해진다고 생각한다 251

글을 마치며 253

1

부모가 해서는 안 되는 말과 행동

부모의 신념 편

무엇이든 알아서 해준다

한 아내가 있었습니다. 알뜰살뜰한데다 남편에게 지극 정성을 다하는 아내였습니다.

"여보, 수건 여기 있어요."

"맥주 마실래요?"

"이불 깔아 놓을게요."

아내는 남편을 위해 무엇이든 세심하게 챙겨 주고, 남편이 샤워를 하고 나오면 반듯하게 개어 둔 파자마까지 대령합니다. 남편의 얼굴빛만 봐도 그가 무엇을 바라는지 눈치 빠르게 알아차립니다.

반면 매사를 귀찮아하는 아내가 있었습니다.

"여보~! 샴푸 떨어졌어!"

남편이 욕실에서 아무리 불러도 아내는 꼼짝달싹 않습니다.

"나 지금 드라마 보는 중이야! 당신이 알아서 가져가!"

남편은 물을 뚝뚝 흘리며 선반을 뒤져 샴푸를 찾습니다.

그러면 아내가 아닌 엄마의 경우에는 어느 쪽이 아이에게 좋은 엄마일까요? 뜻밖에도 귀찮아하는 엄마가 훨씬 좋은 엄마입니다.

좋은 아내가 곧 좋은 엄마는 아닙니다. 아이가 무엇을 요구하기도 전에 눈치껏 척척 해주는 엄마 밑에서 자라는 아이는 언제나 수동적이고 남이 해주기만 바라게 됩니다.

교실에서 수업을 하다 보면 종종 이런 일이 있습니다.

아 이   선생님, 연필.
선생님   선생님은 연필이 아니죠? 연필을 어떻게 하라는 건가요?

아 이   선생님~ 쉬이~.
선생님   선생님은 쉬가 아니에요.

아 이   선생님, 책받침 없어요!
선생님   어머, 안 가져 왔니?
아 이   엄마가 안 넣어줬으니까 없죠!
선생님   학교에 다니는 사람은 엄마가 아니잖아요.

이런 아이들은 "엄마, 물!"이라고만 해도 척척 물을 갖다 바치는 엄마 밑에서 자랐겠지요. 이럴 때는 "엄마는 물이 아니야! 물을 어떻게 해달라는 건지 말을 해야지" 하고 일러주세요. 말하는 대로 들어주지 말고 "목 말라요. 물 주세요" 하고 분명히 말하도록 가르쳐야 합니다.

또 유치원에 갈 때 늘 엄마가 가방을 챙겨 주는 가정이 많습니다. 유치원에 다닐 때부터 가정통신문은 아이가 직접 엄마에게 주고, 준비물도 스스로 챙기는 습관을 들여야 합니다.

비오는 날이면 유치원 현관에 발을 쑥 내밀고 앉은 아이 앞에 흡사 하녀처럼 무릎을 꿇고 장화를 신겨 주는 엄마, 아이가 초등학생이 되어도 학교에 준비물을 헐레벌떡 갖다 주는 엄마가 되어서는 안 됩니다. 이렇게 자라는 아이는 자기 손으로는 아무것도 못하게 됩니다.

학교에 들어가면 선생님의 지시를 따라야 하고, 책가방에 교과서와 준비물을 챙겨야 하며, 시계를 보고 혼자 움직여야 합니다. 자기 스스로 하려는 의지가 부족하면 학교에 가서 제대로 적응하지 못하는 무능한 아이가 되기 싶습니다.

인생이라는 긴 여정을 두고 본다면, 지금 아이들에게 필요한 것은 스스로 해내는 힘을 길러 주는 것임을 잊어서는 안 됩니다.

보호와 간섭이 지나치다

아이에 대한 애정과 관심이 별로 없어 방임적 태도로 일관하는 것도 문제지만, 반대로 아이에 대한 애정이 지나치게 강해 아이의 모든 것을 주관하고 간섭하는 과보호도 심각한 문제입니다. 아이에 대한 지나친 관심은 독입니다.

풍경 1
수업이 끝나고 엄마와 아이가 함께 뒷정리를 합니다.
"○○! 얼른 이거 치워야지! 너만 제일 늦잖아! 엄마는 집에 가서 저녁 해야 하니까 얼른 해! 꾸물거리면 간식 없어!"
아이는 정리하는 시늉만 할 뿐 도무지 치우려 하지 않습니다. 빈둥거리고 있으면 엄마가 대신 해줄 것을 알기 때문입니다.
"뭐하냐니까? 얼른 해!"

그러면서 엄마는 아이의 가방에 책과 필기도구를 챙겨 넣습니다. 아이의 계획대로 되었습니다.

이 광경은 아이에게 하지 말아야 할 일, 즉 명령·비교·협박의 이른바 금기 3종 세트입니다. 이 아이는 고학년이 되면 "엄마, 그만 좀 해!" 하고 대들게 되겠지요.

풍경 2

학교에 필통을 잊어버리고 간 아이가 있습니다. 1교시가 시작되기 전에 아이에게 필통을 가져다주려고 택시를 잡아타는 엄마가 있습니다.

준비물을 잊거나 물건을 잃어버렸을 때는 한 번 호되게 혼이 나 봐야 합니다. 그래야 아이가 다음부터 스스로 주의하게 됩니다.

풍경 3

아이가 책을 집어던졌습니다. 엄마는 "왜 책을 던지고 그러니? 그럼 못써!" 하고 나무라면서 책을 주워 정리합니다. 또 "신발은 가지런히 챙겨야지!" 하면서 아이의 신발을 가지런히 챙겨 줍니다.

풍경 4

유아 교실의 풍경입니다. 선생님이 한 아이에게 프린트물을 빠뜨리고 주지 않았습니다. 그 순간 뒤에서 지켜보던 엄마가 "선생님! 왜 우리 애한테는 프린트물 안 주세요?" 하고 소리칩니다.

그러면서 엄마는 "나는 안 그런데 왜 우리 애는 지 할 말도 못할까? 대체 누굴 닮았는지 몰라" 하고 중얼거립니다. 그것은 아이가 말할 기회를 엄마가 나서서 빼앗아 버리기 때문인데도 말이죠.

아이가 곤경에 처할까 봐 전전긍긍하며 먼저 해치워 버리는 것은 과보호입니다. 한 번은 따끔한 맛을 보도록 내버려두세요. 아이가 실수할까 두려워 부모가 먼저 나서는 것은 결코 아이를 위하는 일이 아닙니다.

하나부터 열까지 참견하거나 금지하기, 지시하거나 명령하기, 앞지르기 등 아이의 행동에 일일이 민감하게 반응하지 마세요. 그것은 아이의 싹을 꺾는 일이니까요.

작은 위험도 눈감아주지 못한다

아이 주변에 위험한 물건은 없는지, 아이가 위험에 처할 염려는 없는지 엄마는 아이한테서 한시도 눈을 뗄 수가 없습니다. 저러다 다치기라도 하면 어쩌나 싶어 엄마는 아침부터 밤까지 아이 뒤꽁무니를 쫓아다니며 "위험해!", "하지 마!"를 연신 외쳐댑니다.

돌다리도 두드려 보는 심정으로 무슨 일을 할 때마다 엄마가 위험하다고 말리고 나서면, 일상생활에 산재한 위험을 피할 줄 모르는 아이가 될 수 있습니다. 돌발적인 사고에서 상처를 입었을 때 부상 정도를 판단하지 못하고 공황 상태에 빠지는 어른으로 키우지 않으려면, 어느 정도는 대범하게 아이를 풀어 줄 필요가 있습니다.

가정의학과 전문의이자 임상심리학자인 레너드 삭스는 자신의 책에서 "아이가 다치지 않도록 싸고돌기만 하면, 아이는 위험을 무조건 피하고 보는 겁쟁이로 자란다. 주변 세계를 탐구하다 입게 되는, 넘어지고 베이고 다치는 정도의 가벼운 부상을 대가로 아이는 자신감과 회복력을 얻는다. 그리고 스스로의 힘으로 우뚝 서 자신의 인생을 걸어 나갈 수 있게 된다"고 했습니다.

하지만 작은 위험은 대범하게 눈감아 주더라도, 치명적인 부상을 입을 수 있는 사고는 그냥 넘어갈 수 없는 문제입니다. 부모가 그 차이를 확실히 알고 가르칠 필요가 있습니다. 평소에 위험하다며 사사건건 아이의 행동을 가로막고 단속하는 부모 밑에서 자란 아이는, 생명에 지장을 주는 위험과 그렇지 않은 위험을 구별하지 못합니다. 그래서 진짜 위기의 순간에 외치는 "위험해!" 하는 말도 지긋지긋한 잔소리로 여길 수 있습니다.

목숨이 오갈 정도로 위험한 일은 그리 흔히 겪을 수 있는 것이 아닙니다. 평소 "위험해!" 하는 말을 너무 자주 하지 않도록 주의하세요. 정말로 위험한 순간에만 짧고 강하고 엄하게 사용하는 것이 현명한 일입니다.

성급하게 결론을 조장한다

아이가 "나 유치원 가기 싫어~!" 하고 떼를 씁니다. 여러분은 이럴 때 어떻게 대응하는지요?

"왜 가기 싫은데? 유치원에서 누가 괴롭히니?" 이것은 추궁형입니다.

"그래도 참고 가야지." 이것은 설득형입니다.

"친구들은 다 가는데? ○○만 안 가면 안 되잖아." 이것은 협박형입니다.

"○○ 선생님이 무서워서 그래? 다음번 학부모회의 때 엄마가 잘 말해 줄게!" 이것은 동정형입니다.

"그래서 어쩌라고?" 이것은 무시형입니다.

모두 잘못된 대답입니다.

아이는 지금 유치원에 '안 가겠다'는 게 아니라 유치원에 '가기 싫다'는 것입니다. 이럴 때는 "아아, 너 지금 유치원에 가기 싫구나~?" 하고 아이의 마음을 있는 그대로 헤아려 주세요.

《맹자孟子》에 '발묘조장拔苗助長'이라는 고사성어가 있습니다. 송나라의 어느 어리석은 농부가 벼를 빨리 자라게 하려고 궁리 끝에 벼의 순을 조금씩 잡아 뺐다가 결국 하얗게 말라 죽였다는 이야기입니다. 불필요한 도움은 오히려 해가 된다는 뜻입니다.

도울 조助에 기를 장長, 억지로 벼의 성장을 조장助長하려다 결국 농사를 망친 농부처럼, 성급한 마음에 아이를 조장하고 있지는 않은지 돌아봐야 합니다. 세상에는 의외로 이런 엄마가 많습니다.

하나부터 열까지 지시하려고 한다

　전자제품 사용설명서의 첫 페이지를 유심히 살펴본 적이 있으신지요? 어찌나 시시콜콜한 것까지 주의사항을 달아 놓았는지, 읽다 보면 바보 취급을 당하는 기분입니다.

　가습기…더러운 물을 넣지 마세요.
　건조기…옷 외의 다른 물건을 말리지 마세요.
　DVD 플레이어…연기나 불이 나면 전원을 끄세요.
　디지털 카메라…물에 담그지 마세요.
　전기장판…몸에 감고 자지 마세요.
　냉장고…사람이 옆에 있을 때는 세게 열지 마세요. 서랍식 문에 손가락을 넣은 채 닫지 마세요. 다칠 위험이 있습니다.

　도저히 어른을 위한 주의사항이라고 보기 어렵습니다. 하지만

'사람이 옆에 있을 때는 세게 열지 말라는 주의사항이 없어서 문을 열었다가 다쳤다'며 소송을 건 사례가 실제로 있어, 기업들은 자구책으로 이런 주의사항을 넣는다고 합니다.

그런 간단한 상식조차 없는 사람들을 위해 사용설명서는 점점 시시콜콜해지고 두꺼워집니다. '미리 알려주지 않은 게 잘못'이라는 풍조가 점점 세상에 만연하는 탓입니다.

아이에게 하나부터 열까지 이렇게 해라, 저렇게 해라 하며 지시하다 보면 아이는 스스로 생각할 줄 모르고 지시만 기다리는 사람으로 자라고 맙니다.

사용설명서를 점점 두껍게 만드는 것은 당신일지도 모릅니다. 이제는 입을 다물고 아이 스스로 생각하도록 내버려두세요.

대충 넘어가는 법이 없다

아이를 처음 갖게 되면 아이가 부디 사지만 멀쩡하기를, 어디 아프지만 말기를, 그저 행복하게 자라기를 기원합니다. 그러나 아이가 나이를 먹으면서 엄마의 기대와 요구는 점점 커져 갑니다.

아이가 두 살이 되면 '○○는 벌써 걸음마를 뗀다는데 우리 애는 왜 여태 서지도 못할까?'

세 살이 되면 '○○는 간단한 문장도 말하는데 우리 애는 왜 한마디밖에 못할까?'

네 살이 되면 "밥을 차렸으면 얼른얼른 먹어야지! 유치원 지각하겠다! 애는 왜 이렇게 굼뜰까?"

여섯 살이 되면 "아직 글자도 못 읽어? 다른 아이는 편지도 쓴다는데."

일곱 살이 되면 "애는 성적이 왜 이 모양인지…."

엄마는 아이를 처음 가졌을 때의 기쁨을 잊고 점차 과분한 것을 바라게 됩니다. 피부가 하얀 아이의 엄마는 가무잡잡한 아이를 보고 '쟤는 참 건강해 보이네' 하며 부러워하고, 피부가 가무잡잡한 아이의 엄마는 하얀 아이를 보고 '쟤는 참 뽀얗고 귀티가 나 보이네' 하며 부러워합니다. 그러면 얼굴의 반은 희고 반은 가무잡잡하면 만족할까요? 영원히 만족할 수 없을 것입니다.

늘 '남에게 폐를 끼치면 안 된다, 뭐든 꼼꼼하게 마무리를 잘해야 한다'고 주의를 주면, 책임감이 강하고 완벽을 추구하는 기질이 서서히 만들어집니다. 이것을 '강박적 기질'이라고 합니다.

이런 사람은 자신은 물론 주변 사람에게도 엄격합니다. '~하지 않으면 안 된다, ~해야 한다'라는 말을 입에 달고 살며 이를 주변 사람에게도 강요합니다.

또 "준비물을 절대 잊어버리면 안 돼!" 하고 매일 아침마다 잔소리하면, 아이도 준비물을 잊어버리는 게 큰 죄라도 되는 양 전날 밤부터 가방을 챙기고 아침에도 가방을 몇 번이나 살피며 확인합니다. 그 생각이 머리에서 떠나지 않고, 그 생각을 떨쳐내려 할수록 마음은 더욱 초조해집니다. 이것은 '강박신경증'입니다.

지나치게 완벽하게 아이를 기르려고 하면 장차 이런 결과를 낳을 수도 있습니다. 과보호와 간섭도 마찬가지입니다.

지나치게 완벽함을 추구하는 부모 밑에서는 자존감도 길러지지 않습니다. 아무리 노력해도 부모가 인정해주지 않고 좀더 나은 결과를 요구하는 까닭에 아이는 자신을 사랑할 수가 없습니다.

"우리 ○○라면 잘 할 수 있어", "왜 다른 애들만큼도 못하니?" 하는 말만 계속 듣고 자라면 결국 반동이 일어납니다. 그 반동은 유아기나 초등학교 시기가 아닌 사춘기에 일어납니다.

우산이라도 잊고 오면 호되게 야단친다

아침에 비가 와서 우산을 쓰고 유치원에 갔던 아이가 우산을 놓고 왔습니다. 그럴 때 "도대체 왜 그런 걸 잊어버리고 다녀!" 하고 필요 이상으로 야단치는 엄마가 있지요.

아이가 소지품을 스스로 챙기도록 하려면 부모가 훈육을 해야 할 때도 있습니다. 그러나 아이를 매번 야단치느니 차라리 예비용 우산을 몇 개 더 사는 편이 낫습니다.

"물건을 잃어버리면 안 돼!" 하고 지나치게 강조하면 자칫 신경질적인 기질이 형성될 위험이 있습니다.

초등학교 입학 후 준비물을 자주 잊어 선생님에게 매일 꾸중을 듣다 보니 교과서도 두 권, 필통도 두 개, 체육복도 두 벌씩 사서 꾸중 듣는 횟수를 줄이려고 노력한 주의력결핍과잉행동장애ADHD 아동의 부모가 있었습니다. 좋은 아이디어가 아닐까요?

핀셋으로 도시락을 싼다

 몸에 좋다는 이유로 엄마가 멸치나 야채만 넣어 삼각김밥을 싸 주는 아이가 있었습니다. 그러나 그 아이는 언제나 선생님이 싸오는 편의점 삼각김밥을 부러운 듯이 바라보곤 했습니다.
 아이는 언제나 도시락집 도시락이나 편의점 삼각김밥에 호기심을 갖고 있었습니다. 그런 아이의 마음을 읽은 선생님은 아이와 도시락을 바꿔 먹었죠. 아이가 싸온 삼각김밥은 썩 맛있지도 않고, 소가 너무 많아서 밥과의 균형도 맞지 않았습니다.
 영양과 맛, 어느 쪽을 우선해야 할까요? 즐거운 점심시간에는 누구나 맛있는 것을 먹고 싶기 마련입니다.
 요즘은 마치 핀셋으로 하나하나 집어서 만든 예술 작품 같은 도시락을 싸오는 아이도 있습니다. 호빵맨 모양의 주먹밥 틀, 하트 모양의 달걀 틀, 축구공 모양의 주먹밥을 쉽게 만드는 김 등이 불티나게 팔리고 있지만, 대개의 경우 노력에 비해 효과가 적습니다.

전날 저녁에 먹고 남은 감자 샐러드가 있다면, 아침에는 그 샐러드에 빵가루를 묻혀 튀기면 근사한 크로켓이 됩니다. 여기에 얇게 썬 오이를 곁들이면 금상첨화입니다. 오이를 싫어하는 아이도 좋아하는 크로켓은 두말 않고 먹게 되죠.

아무리 엄마의 취미라 해도 지나치게 공만 들 뿐 맛없는 도시락은 환영받지 못합니다. 바쁜 아침에 예술 작품 같은 도시락을 만드느니 그 시간에 그림책을 한 줄 더 읽어 주는 것이 낫습니다.

뭐든 1등이 되어야 한다고 가르친다

'뭐든 1등이 되어야 해!' 하는 마음으로 아이를 기르지 마세요. 1등이 아니면 못 배기는 기질이 형성되면 두고두고 고생합니다. 유아기에 적절한 좌절을 경험하지 않으면 마음의 내성이 길러지지 않기 때문이죠.

인생은 길고 누구나 크고 작은 좌절을 경험하게 되어 있습니다. 그렇지만 운 좋게 건강하고 똑똑해서 운동도 공부도 제법 잘 해내는 소질을 타고난 아이는 '작은 좌절'을 겪지 않고 성장할 수 있습니다.

초등학교 입학 후에도 언제나 반 1등이 지상 최고의 과제인 양 아이를 기르는 엄마가 있었습니다. 만약 그 아이가 대학입시나 취업에 실패하여 비로소 인생의 첫 좌절을 맛본다면 정신적으로 견디기가 힘들 것입니다. 자살 충동이 일어날 수도 있지요.

아이가 게임을 하다 졌다거나 운동회 때 달리기를 하다 넘어져 꼴찌를 하게 되었다면 집에 돌아와 울고불고 난장판을 벌일지도 모릅니다. 하지만 그것은 일시적이고, 다음날까지 침울해하는 아이는 없습니다.

작은 좌절을 미리 경험해 두면 아이의 정신이 튼튼해집니다.

머리가 좋고 순발력이 뛰어나서 게임을 할 때마다 늘 이기는 아이가 있었습니다. 이를 교육상 해롭다고 판단한 선생님, 어느 날 "꼴찌를 해도 웃으며 1등에게 박수를 보내는 ○○은 다른 사람의 일을 함께 기뻐할 줄 아는 오늘의 1등이에요" 하고 말했습니다.

꼴찌를 한 아이는 승패에 연연하지 않는 성격이었지만, 적어도 언제나 1등을 하는 아이에게는 좋은 경험이었을 것입니다. 하지만 이런 방법을 남발하면 칭찬받을 욕심에 아무도 게임에 진지하게 참가하지 않으려고 할 수 있으니 주의해야겠지요.

한 번은 수업 중에 똑같은 빨간 색종이를 아이들에게 나눠 준 적이 있었습니다. 다 같은 색종이인데도 아이들은 조금이라도 빳빳하고 깨끗한 것을 받기 위해 앞다퉈 나섰습니다.

그래서 저는 "깨끗한 종이를 양보할 줄 아는 사람이 형이고 누나예요" 하고 말해 주었습니다. 그 다음부터 아이들은 오히려 가장 구겨진 종이를 차지하려고 옥신각신할 정도였죠.

학예회 주인공은 내 아이가 해야 한다

어느 유치원 재롱잔치에서 〈백설공주〉 연극을 했습니다. 그런데 백설공주가 무려 열 명이나 되었습니다. 게다가 난쟁이는 일곱이 아니라 고작 셋밖에 없었습니다. 왜 그렇게 되었을까요?

재롱잔치에서 〈백설공주〉 연극을 하게 되자, 주인공인 백설공주 역할을 누구에게 맡겨야 할지 원장선생님은 고민에 빠졌습니다. 원장선생님은 백설공주인 만큼 얼굴이 하얗고 예쁜 여자아이를 뽑으려 했습니다. 하지만 선택받지 못한 아이의 극성 엄마들이 머리에서 떠나지 않았습니다. 결국 백설공주를 열 명이나 뽑고 말았죠.

또 어느 유치원에서는 아예 선생님이 백설공주가 되었습니다. 난쟁이는 모두 스무 명이었지요. 무대가 하도 복닥복닥 하니 무슨 연극을 하는지도 모를 지경이었습니다.

그 유치원의 한 반은 서른 명이었습니다. 서른 명의 난쟁이를 무대에 올릴 수는 없었으므로 숲속의 새·다람쥐 역할을 새로 만들었습니다.

평소에도 교실에서 가만히 있지 못하고 돌아다니던 아이들에게 무대에서 제멋대로 뛰어다녀도 자연스럽게 보일 수 있는 새 역할을 맡겼습니다. 그러자 그 아이의 부모가 "백설공주까지는 바라지 않아도 우리 애도 난쟁이 정도는 시켜줬으면 했는데…"하며 볼멘소리를 하는 것이었습니다.

부모가 이런 생각을 갖는 한, 아이는 적당한 배역을 맡지 못했을 때 대처할 방법을 배우지 못한 채 어른이 되고 맙니다. 이런 아이는 취직시험에서 불합격 통보만 한 번 받아도 구직 활동 자체를 팽개쳐 버리는 사람이 될 수 있습니다.

먼 장래를 바라보며 바위·새·나무 역할도 담담히 받아들일 수 있는 강한 정신을 길러줘야 합니다.

아이가 무슨 일을 해도
샌드백처럼 두들기기만 한다

어느 학급에 항상 성적이 하위권인 아이가 있었습니다. 지난 시험에서 70점을 받았던 아이는 열심히 공부해서 이번 시험에서는 80점을 받았습니다. 그렇지만 반 평균은 90점이었습니다.

아이는 의기양양하게 시험지를 들고 집으로 달려가 엄마에게 "나 80점 받았어!" 하고 자랑했습니다. 그러나 아이의 말이 끝나기 무섭게 염라대왕 같은 불호령이 날아옵니다. "다른 엄마들이 이번 반 평균은 90점이라던데 넌 왜 80점밖에 못 받았니!"

반 평균이 몇 점이든 "80점이나 받았어? 전보다 10점이나 올랐네! 정말 장하다!" 하고 왜 칭찬해주지 못할까요? 이러면 아이는 어디를 가나 두들겨 맞는 샌드백 신세가 되고 맙니다.

있는 그대를 인정해주지 않는 양육 태도는 설령 100점을 받는다 해도 '다음에는 2등으로 밀려나지 않을까, 99점으로 떨어지지 않을까' 염려하는 의식 구조를 형성해 늘 불안을 안고 살게 합니다.

세상에서 가장 사랑하는 엄마의 관심과 인정을 받지 못하면 아이의 자존감이 자라지 않습니다. 자신은 존재 가치가 없다는 생각에 빠지고 맙니다.

유아기에 부모로부터 칭찬과 인정을 받으며 자란 아이는, 어른이 되어도 자신을 있는 그대로 받아들일 수 있습니다. 설령 병에 걸리거나 실패해도 현실을 받아들일 수 있습니다.

하지만 그렇지 못한 아이는 다른 사람 눈에는 성공한 인생을 살더라도 평생 만족을 모르는 사람이 됩니다. 주변에서는 '도전 정신이 뛰어나다'고 칭찬하지만, 정작 그의 마음은 언제나 팍팍할 뿐입니다.

여러분의 아이가 그런 인생을 살기를 바라지는 않겠지요?

놀이터에서만 좋은 엄마인 척한다

어느 날의 놀이터 풍경입니다. 모래놀이터에는 아이들이 가져온 장난감이 여기저기 흩어져 있습니다.

주원이라는 아이가 친구 라임이 가져온 장난감에 손을 뻗습니다.

주원 엄마   주원아! 친구 장난감 뺏으면 못써!

라임 엄마   라임아! 친구한테 장난감 빌려 줘야지! 혼자만 욕심 부리면 나쁜 아이야!

라임 엄마   (라임의 장난감을 빼앗아 주원에게 준다) 자, 이거 갖고 놀렴.

주원 엄마   죄송해서 어떡해요. 주원아, 고맙습니다 해야지?

주   원   (마지못해) 고…맙…습니다….

라임은 토라져 버립니다.

자기가 가져온 장난감을 가지고 놀던 라임은 '지금은 내가 갖고 노는 중이니까 빌려주기 싫다'고 생각합니다. 한편 라임의 장난감을 탐내는 주원은 '저 아이가 재미있게 가지고 노는 장난감을 나도 갖고 놀고 싶다'고 생각합니다.

  양쪽 모두 자연스러운 감정입니다. 하지만 엄마는 예의 바른 사람으로 보이고 싶은 일념에 아이들 사이의 분쟁에 일일이 참견합니다. 하지만 그래서는 안 됩니다.

  그럴 때는 "친구 장난감을 가지고 놀고 싶구나", "빌려주기 싫구나" 하고 아이의 마음을 헤아려 주는 것이 우선입니다. 그런 다음 "'빌려 달라'고 네가 직접 부탁해 봐", "'지금은 내가 갖고 노니까 빌려주기 싫어!' 하고 분명히 말해 봐" 하고 말하며 은근히 말다툼을 붙여 보세요. 만약 그것이 큰 싸움으로 발전하더라도 "미안하다고 해야지?" 하며 사태를 수습하려고 해서는 안 됩니다.

  자기주장을 할 줄 안다는 것은 매우 중요한 일입니다. 침묵하고 있어서는 안 됩니다. 아이들끼리 협의를 해서 "두 번만 더 놀고 빌려 줄게" 하는 식의 타협점을 찾게 하면 의사소통 능력이 향상됩니다.

  모래놀이터의 장난감 다툼은 사회성을 기를 수 있는 절호의 기회입니다. 지나친 참견은 아이의 성장을 가로막습니다.

다른 사람 앞에서
자기 아이를 깎아내린다

"아이가 참 착하고 똑똑하네요."
"착하긴요! 집에서는 얼마나 말썽인데요."
이렇게 대꾸하는 엄마들이 많은데, 왜 "고맙습니다, 참 착하죠?" 하고 솔직하게 말하지 못할까요?

자기 아이가 정말 못된 말썽꾸러기라고 생각하는 걸까요? 아닐 겁니다. 주책없어 보일까 봐, 자식 자랑하기가 민망해서 등 모두 자기 체면 때문입니다. 하지만 아이를 위해서는 지나친 겸손을 벗어던져야 합니다.

세상에서 제일 좋아하는 엄마가 사람들 앞에서 자기를 비난하는 것만큼 아이에게 큰 고통은 없습니다. 부모에게 인정받지 못하고 다른 사람 앞에서 망신을 당한 아이가 받는 상처는 매우 큽니다. 아이의 머릿속에는 자존심 상한 경험이 깊이 새겨집니다.

더욱이 아이가 네 살 정도 되면 부모로부터 인정받고 싶은 욕구가 강해집니다. 남들한테도 "예쁘다", "착하다", "똑똑하다" 같은 칭찬을 듣고 싶어합니다.

'우리 애는 왜 이렇게 뚱뚱할까?' 하고 고민이 되어도 "애가 참 토실토실하니 귀엽죠?" 하고 다른 사람 앞에서는 칭찬하세요. '애가 왜 이렇게 별날까?' 하는 불만이 있어도 "개성이 참 뚜렷하지 않아요?" 하고 칭찬해 주세요.

엄마들은 대부분 다른 사람 앞에서 자기 아이는 깎아내리면서 남의 아이한테는 "참 착하네요" 하고 칭찬합니다. 썩 귀엽지 않아도 "귀엽네요" 하고 빈말을 합니다. 이는 엄마 자신이 예의 바른 사람으로 보이고 싶기 때문입니다.

남의 아이보다 내 아이의 마음이 우선입니다. 아이를 깎아내려서 자신은 좋은 사람으로 보이고자 하는 이기적인 마음을 버리세요.

정직한 아이로 기르고 싶다면 엄마가 집 안팎에서 태도를 바꿔서는 안 됩니다. 아이는 그 모습을 똑똑히 지켜보니까요.

014
다른 아이와 비교한다

내 아이를 다른 아이와 비교하지 마세요. 아이가 뒤처진다 싶을 때 격려한다고 "○○도 잘하잖아? 너도 할 수 있어" 하고 말하지는 않나요? 이는 뒤집어 말하면 "다른 아이도 다 하는 걸 왜 너는 못하니?" 하는 비난과 같습니다.

이런 말을 들으며 자란 아이는 자기만의 가치 기준이 없어 자존감을 확립하지 못합니다. 그러면 늘 남의 눈치를 보고, 남의 시선에 맞춰 행동하게 됩니다.

남의 잣대를 기준으로 자란 사람은 "저 사람은 좋은 사람이다"라는 평가에 늘 사로잡히게 됩니다. 오직 좋은 사람이라는 평가를 받기 위해 행동하기 때문에 남의 눈치를 보고 늘 쭈뼛거리며 인생을 보냅니다. 있는 그대로의 자기 모습과 감정을 드러내기가 어려워집니다.

형제자매를 대할 때도 마찬가지입니다. 아이들이 생각하지 않았을 차이를 굳이 지적하거나, 어떤 한 아이의 능력을 비교해서 평가할 필요가 없습니다. 부모의 잘못된 방식으로 형제자매 사이에 질투와 경쟁심이 커지기 시작하면, 아이들이 서로 편하고 좋은 관계를 가질 수 없습니다.

아이들의 재능과 단점을 말해야 할 때는 반드시 다른 형제자매와는 독립된 것이어야 합니다. 어떤 한 아이의 그림 실력, 노래 실력, 수학 실력, 외국어 실력, 종이접기 실력 등이 다른 형제자매보다 나은지 아닌지는 결코 중요하지 않습니다. 중요한 것은 그 아이가 그 일을 할 수 있다는 사실뿐입니다.

아이를 위해 엄마부터 남의 잣대에 휘둘리지 말아야 합니다.

유아기에 고전을 읽히는 것은 무익하다고 생각한다

 아이에게 〈황조가〉, 〈서동요〉, 〈토끼전〉, 〈별주부전〉, 〈콩쥐팥쥐전〉과 같은 고전을 읽히면 "너무 이른 거 아니에요?", "아이들이 무슨 뜻인지나 알겠어요?" 하며 몹시 극성맞은 부모로 모는 사람이 있습니다.
 아이의 음감을 기른다고 임신 기간 내내 모차르트를 듣는 것은 자연스럽게 여기면서, 동서양의 고전을 읽히려 하면 알레르기 반응을 일으키는 사람도 있습니다. 학창 시절의 기억 때문인지 '고전 읽기'라는 말만 들어도 어렵고, 지루하고, 따분하고, 재미없는 단어들을 줄지어 떠올리며 반대부터 하고 봅니다.
 유아기에 고전을 읽히는 것은 시의적절한 교육입니다. 고전 읽기의 목적은 지식을 얻는 게 아니라 언어를 배우는 시기에 양질의 어휘를 읽고 듣게 하는 것입니다. 최근에는 초등학교 국어 교과서에서도 고전을 다루고 있고, '고전 읽기'를 아예 정규 교과 수업으로 편성한 학교도 있습니다.

아이의 발달 과정 중에는 '임계기臨界期'라는 것이 있습니다. 그 시기를 놓치면 더는 습득이 어려워지는 때를 뜻하는데, 언어 습득의 임계기는 만 4세라고 합니다. 이 시기를 넘기면 더는 우리 말을 습득하기 어려워진다는 말입니다.

태아기부터 유아기까지 "짱나, 빡쳐, 쩔어", "빨리빨리 해" 같은 말만 오가는, 비속어와 빈약한 어휘가 판을 치는 언어 환경에서 자라는 아이는 당연히 그 어휘도 빈곤해집니다. 설령 부모가 바른 말을 쓰려고 노력한다 해도 역시 한계는 있습니다.

인간이 습득하는 어휘력의 80퍼센트는 사춘기 이전에 형성되고, 습득한 어휘의 75퍼센트가 독서의 질에 의해 결정된다고 합니다. 독서 교육의 최종 목적인 어휘의 질을 높이는 데 가장 좋은 책은 양질의 어휘로 쓰인 고전입니다. 이것을 소리 내어 읽어 주기만 해도 아름다운 언어의 토양은 갖춰집니다.

유아에게 읽어 주기에는 고전이 너무 어렵다고들 하지만, 그렇지 않습니다. 아이들은 말의 독특한 리듬이나 울림을 좋아하고 잘 기억합니다.

이때 아이에게 의미까지 가르치려고 애쓸 필요는 없습니다. 아이들은 의미에는 관심이 없으니까요. 아이들이 "그게 무슨 뜻이야?"

하고 물어 보는 일은 없을 것입니다.

유아에게 고전을 읽어 줄 때는 '의미를 해석하지 않고 우선 소리 내어 읽기만 하는' 소독素讀이라는 방법이 효과적입니다. 귀로 방대한 지식을 접하지만, 아이의 머릿속에서 그것은 아직 지식의 형태가 아닌 감각적인 소리와 리듬으로 새겨집니다. 삶의 경험이 짧은 아이에게 고전의 깊은 의미는 잘 와닿지 않을 것입니다.

일본의 정형시인 하이쿠 중에는 "나팔꽃 덩굴 두레박 감았기에 물 얻어 가네"라는 시 일본의 여류시인인 카가노 치요죠(加賀千代女:1703~1775)의 대표작__옮긴이가 있습니다. 이것은 "아침에 물을 길러 우물가에 가 보니 나팔꽃 덩굴손이 두레박을 칭칭 감아 길어올릴 수가 없네. 잘라 버리려니 가여운 마음이 들어 이웃집에 물을 얻으러 갔네"라는 뜻입니다.

하지만 줄에 바가지나 통을 매달아 물을 긷는 '두레박'을 사용하지 않는 요즘 아이들에게는 의미가 제대로 전달되지 않을 것입니다. 그 시대 배경이나 사람들의 생활상에 대한 지식이 없으면 아무리 문장의 의미를 설명한들 올바로 이해할 수 없겠지요.

의미를 모르고 노래해도 좋습니다. 의미를 찾는 대신 언어 자체를 반복적으로 소리 내어 말하며 자기 것으로 만들어 가는 게 고전 읽기의 목적이니까요.

약점을 드러내지 못한다

　자기 자신이나 아이의 약점을 좀처럼 다른 사람에게 드러내지 못하는 사람이 있습니다. 사람은 자기 생각만큼 다른 사람에게 관심이나 흥미를 갖지 않습니다. 안타깝게도 누구나 그렇게 관심을 끌 만한 인물은 못 되니까요.
　사람은 자기 자신에게 가장 관심이 많으며, 특히 이해관계가 없는 사람에게는 거의 관심을 두지 않습니다. 다른 사람에게 두는 관심이란, 그가 자신을 어떻게 생각하느냐 하는 것뿐이지요.
　뇌과학자들의 말에 따르면, 사람은 24시간 동안 들은 것 중 80퍼센트를 잊어버린다고 합니다. 그러므로 지나친 자의식을 버리고 약점을 주변 사람들에게 털어놔 버리세요.
　처음 만나는 사람에게 "어디 사세요? 어떤 일을 하세요?" 하고 흔히 묻지만, 대부분은 금세 잊어버립니다. 어쩌다 두 번째 만났을 때에도 무심코 같은 질문을 했다가 "네, 강남에 살고, 웹디자인 일을 합니다" 하는 대답을 듣는 순간 '맞아, 전에도 물었는데 혹시 기분 나쁘게 생각하면 어쩌지?' 한 적이 한두 번이 아닐 겁니다.

기억은 뇌의 전두연합야前頭連合野의 단기기억 부분에 일시적으로 보관되어도 장기기억 부분에 영구 보존되는 것은 아니라고 합니다.

게다가 약점을 적극적으로 드러내는 편이 좋을 때도 있습니다. '남에게 폐를 끼치지 않겠다'는 신념으로 아이를 기르는 사람도 있지만, 본디 아이들은 남에게 폐를 끼치기도 하고 때로는 손해를 입기도 하며 자라는 법입니다.

나는 이런 사람이다, 우리 아이는 이런 약점이 있다는 것을 당당히 말하세요. 그러면 상대도 꼭 도움을 줄 것입니다.

저는 아이에게 장애가 있다는 것을 비교적 일찍부터 다른 학부모들에게 알렸습니다. 동네 슈퍼마켓에서 아이가 갑자기 달아나서 사고를 당하지 않도록 점원들에게 미리 알리고 양해를 구했습니다. 그 덕에 이제는 언제나 안심하고 장을 볼 수 있게 되었지요.

마음에도 없는 말로 겸손한 척한다

× 대충 넘어가는 법이 없으면서도 "제가 털털한 사람이라서요" 하고 말한다.
× 예민한 성격이면서도 "저는 스트레스를 별로 안 받아요" 하고 말한다.
× 언제나 쓸고 닦고 하면서도 "집이 너무 지저분해서 어떡하죠?" 하고 말한다.
× 꽤 비싸게 주고 산 선물인데도 "변변치 못해서 죄송해요" 하고 말한다.

겸손도 지나치면 자랑이 됩니다. 게다가 실제 모습과는 달리 소탈하고 소박한 성격인 양 포장하는 경우, 말과 행동이 다르다는 것을 느끼는 순간 혐오감마저 들게 됩니다.

"집이 너무 지저분해서…." 하지만 막상 초대를 받아 가보니 먼지 하나 없이 깨끗합니다. "변변치 못해서 죄송해요" 하는 선물을 열어 보니 유명한 제과점의 수제 초콜릿 세트입니다. '얼마나 대단한 걸 먹고 살기에 이게 변변치 못하대?' 하고 비꼬고 싶어집니다.

반면 이런 말은 상대의 호감을 삽니다.

○ 저는 지나치게 꼼꼼한 면이 있어요.

○ 사실 제가 스트레스에 민감해서요.

○ 저는 정리정돈을 좋아해서 청소가 취미랍니다.

○ 이거 꽤 유명한 수제 초콜릿인데 아주 맛있어요.

어떤가요? 자기 마음에 정직하니 좋은 인상을 주지 않나요?

마음에도 없으면서 다른 사람 앞에서만 자기 아이를 "집에서는 얼마나 말썽을 부리는데요!" 하고 깎아내리는가 하면, 놀이터에서는 "친구한테 빌려 줘야지!" 하고 장난감을 억지로 양보하도록 강요하는 엄마들, 이것도 자기 마음을 솔직히 드러내지 못하기 때문입니다. 마음에 없는 말은 꺼내지 않는 것이 좋습니다.

남의 배려에 지나치게 기댄다

아이는 주변에 폐를 끼치며 자라게 되어 있습니다. 그렇지만 '이 아이는 원래 이런 애니까' 하고 으레껏 주변에서 배려해주리라 기대해서는 안 됩니다. 주변 사람들도 하루가 다르게 변하니까요.

자기 행동은 스스로 제어할 수 있도록 길러야 합니다.

툭하면 유치원을 빠져나가곤 하는 아이가 있었습니다. 큰길로 나가 자칫 차에 칠 뻔한 적도 있었죠. 유치원에는 이백 명 가까운 원아들이 있습니다. 교직원은 많아야 열 명에서 열다섯 명으로, 엄마가 아이 한둘을 책임지고 돌보는 가정과는 다릅니다.

그럼에도 '유치원 담장을 좀더 높여 달라', '아이들이 함부로 열 수 없도록 현관에 잠금장치를 세 개 이상 달아 달라', '아이들을 위해 교사 수를 늘려 달라'는 등의 무리한 요구를 하는 부모가 있습니다. 그보다는 아이가 유치원을 빠져나가지 않도록 엄마가 잘 지도하는 것이 먼저인데 말입니다.

또 특정 물질에 대해 심각한 알레르기 반응Anaphylactic shock을 일으키는 아이도 간혹 있지요. 요즘은 밀가루 알레르기가 있는 사람을 위한 쌀가루로 만든 빵이나, 우유와 달걀을 넣지 않은 아이스크림이나 케이크·쿠키 등 다양한 제품이 나오지만, 때로는 이런 제품이 뜻하지 않은 위험을 초래하기도 합니다.

어느 네 살 반 아이의 엄마는 달걀을 넣는 대신 시중에서 파는 '계란과자'와 같은 모양의 과자를 만들어주곤 했습니다. 그래서 아이는 '계란과자'를 안전한 음식으로 여기고 시판되는 과자를 무심코 먹었다가 호흡곤란을 일으켜 응급실에 실려 갔습니다.

'알레르기가 있는 아이를 배려하지 않았다'고 불만을 제기하거나 주변에 하소연하기 전에, 자기 몸은 스스로 지키고 먹어도 되는 것과 안 되는 것을 분별하도록 지도하는 것이 사고를 막는 지름길일 것입니다.

급식을 못 먹는 아이를 위해 매일 급식 메뉴를 살펴보고 겉모양이 똑같은 대체품을 만들어 학교에 갖다 주는 엄마도 있습니다. 손이 무척 많이 가는 일이다 보니 엄마는 오전 내내 그 일에만 매달려 있습니다. 그 정성에는 고개가 숙여지지만, 그보다는 아이 스스로 알아서 가려먹도록 지도하는 것이 중요합니다.

엄마로서는 아이가 친구들과 다른 음식을 먹다가 왕따라도 당하지 않을까 걱정되어 비슷한 음식을 만들어 줄 수 있습니다. 하지만 그런 이유로 왕따가 생기는 반이라면 담임의 지도력에 문제가 있는 것이므로, 어떤 이유로든 결국 왕따는 생기게 되어 있습니다.

친구와 다른 도시락을 싸서 보내고, 체질에 따라 다른 음식을 먹어야 하는 사람도 있음을 아이 스스로 주변에 확실하게 인식시킬 수 있도록 지도해야 합니다.

감정을 억누르기만 한다

두 아들을 키우는 엄마가 있었습니다. 두 아이 모두 워낙 정신없이 뛰어노는 탓에 엄마는 늘 지쳐 있었습니다. 시어머니조차 "아이들 버릇이 왜 그 모양이냐"며 자주 타박을 하곤 했습니다.

가끔 두 아이가 사라져버렸으면 하는 마음까지 들지만, 귀가 따갑도록 고함을 질러대고 망아지처럼 뛰어다녀도 부모된 자라면 마땅히 자식의 모든 것을 사랑해야 한다는 생각에 '이런 생각을 하는 나는 엄마도 아니야' 하며 번번이 자책만 할 뿐입니다. 엄마는 하루하루 자신감을 잃어 갔습니다.

사실 아이들은 사사건건 부모의 신경을 거스르는 재주를 타고났습니다. 그 기술은 거의 태어나는 순간부터 발휘됩니다. 그런데 알고 보면 이는 아이들의 잘못이 아닌 경우가 많고, 그 사실을 알 때 부모는 가장 큰 마음의 가책을 느낍니다.

그런데 여기서 우리가 알아야 할 사실이 있습니다. 다른 부모들도 이 엄마와 마찬가지 심정이라는 것, 이 엄마가 느끼는 그런 감정을 때때로 똑같이 느낀다는 것입니다. 어떤 때는 하루에 수십 번씩 그런 감정이 들기도 합니다. 그러므로 그런 감정은 자연스러운 현상으로 받아들여야 합니다.

많은 육아서에서 자녀가 버릇없이 굴 때는 타임아웃제를 이용하라고 조언합니다. 아이 혼자 자기 방에 들어가거나 특정 장소에서 마음을 가라앉히며 생각할 여유를 갖게 하는 방법으로, 효과도 꽤 좋은 편입니다.

저는 부모도 마땅히 이 같은 휴식 시간을 누릴 수 있어야 한다고 생각합니다. 부모 역시 마음의 안정이 필요할 때는 스스로에게 잠시 휴식을 허락해도 좋습니다. 즉 숨는 방법을 비롯해 가능한 방법을 찾아 아이한테서 잠시 벗어날 수 있어야 합니다. 그래야 다시 에너지를 충전하고 돌아와 더 나은 부모 노릇을 할 수 있을 테니까요.

아이의 이해도를 테스트한다

아이에 대한 테스트는 엄마의 만족을 위한 확인 작업입니다. 아이에게 무언가를 가르칠 때 그것을 이해하는지 확인하고 싶어지겠지만, 그런 행동은 삼가야 합니다. 아이가 언어를 사용해 대답할 수 있는 것은 빙산의 일각에 불과하기 때문입니다.

아이는 엄마가 이해할 만큼 분명하게 설명할 줄 모르기 때문에 "응— 어제요, 응— 유치원에서요…" 하고 더듬더듬 이야기합니다. 머릿속으로 이해하는 것과 그것을 상대가 알아듣도록 설명하는 것은 큰 차이가 있지요.

유아기에는 아이의 머릿속에 든 공테이프에 녹음만 하면 됩니다. 재생 버튼을 눌러서 아이가 알고 있는지 굳이 시험하지 마세요. 0~10세까지는 오로지 입력만 하는 시기입니다. 다 아는데도 자꾸 확인하려고 하면 아이의 학습 의욕은 떨어질 수밖에 없습니다.

유아 교육을 영재 교육으로 착각한다

대뇌생리학에 의하면, 사람의 뇌는 다른 기관과 달리 만 3세가 되면 성인 뇌의 80퍼센트가 완성된다고 합니다. 뇌세포의 수는 140억 개 정도인데, 이 세포들은 자극을 받아 성장하고 세포들 사이의 회로를 형성하여 만 3세가 되면 세포들을 연결하는 대단히 복잡한 회로망이 대부분 완성되는 것입니다.

유아 교육의 목적은 지식 전달에 있지 않습니다. 그 지식을 받아들일 수 있는 회로망을 구축하는 데 있습니다.

유아 교육에 대한 부정적인 의견은 현실을 모르는 잘못된 인식입니다. 일본의 저명한 잡지 《교육심리》에 게재된 〈성적부진아를 만드는 토양〉이라는 조사 결과에 따르면, 초등학교 입학 후 성적 부진을 보이는 9,857명의 아동 가운데 9,668명 즉 98.1퍼센트의 부모가 취학 전 교육에 반대한 사람들이라고 합니다.

이 부모들은 유아 교육은 아이의 정서를 해치는 것일 뿐, 아이는 마음껏 뛰어놀아야 한다고 생각했습니다. 그래서 취학 전 가정 교육이 제대로 이루어지지 않았고, 자연히 기초적인 학습을 하지 못한 그 아이들은 다른 아이들을 따라가기 힘든 지경이 된 것입니다.

왜 이런 중요한 사실이 올바른 상식으로 자리잡지 못한 것일까요? 유아의 조기 교육을 반대하는 큰 이유 가운데 하나는, 유아 교육을 영재 교육과 동일시하는 생각 때문입니다.

유아 교육은 초등학교 입학 후 아이가 학교 수업에 뒤처지지 않도록 하기 위한 것입니다. 이것을 영재 교육으로 잘못 생각하는 데 문제가 있습니다.

요즘은 과거 부모 세대와 달리 학교의 수업 진도가 무척 빠릅니다. 3월에 갓 입학한 아이들이 한 달 만에 읽기와 쓰기를 완전히 익히고, 몇 개월 후에 완벽한 문장을 완성할 수 있을까요? 유치원이나 가정에서 글자를 온전히 익힌 아이만이 이 수업을 따라갈 수 있습니다.

진정한 의미에서 자유로운 아이는 유아기에 기초 학습을 착실히 하고, 초등학교 입학 후 지적 학습 과정을 통해 일정 수준에 도달한 아이입니다. 아이를 그늘 없이 밝고 씩씩하게 키우려면 마음껏 뛰어놀게 하는 대신 차근차근 공부시켜야 할 것입니다.

스킨십을 하지 않는다

 아이가 스스로 자기 주변의 일을 처리할 수 있게 될 무렵 갑자기 막연한 불안감이 엄습해 오는 시기가 있다고 합니다. 아이는 이유 없는 불안감이 찾아오는 순간 엄마 품에 안겨 위로받고 싶어집니다. 하지만 자기 마음을 표현할 줄 몰라 그저 엄마에게 매달리며 어리광을 부립니다.

 아이가 불안해할 때 "다 큰 아이가 무슨 어리광이니!" 하고 밀어내면 아이의 불안감만 커질 뿐입니다. 아이가 뜬금없이 불안해하며 엄마에게 집착한다면, 이유를 묻지 말고 아무 말 없이 꼬옥 안아 주세요. 안아주기만 해도 아이는 엄마의 따스한 품에서 엄마의 마음을 이해하고 안도감을 얻습니다.

 다만 취학을 앞둔 아이의 경우, 아이의 어리광과 불안감의 표현을 무조건 수용하기보다 자기의 불편한 마음을 말로 표현하는 법을 지도할 필요가 있습니다. 이럴 때 "엄마에게 어리광만 부리면 ○○가 속상한 마음을 잘 볼 수가 없어. 이럴 땐 '엄마, 저 엄마가 같이 있어 주셨으면 좋겠어요'라고 이야기하면 엄마가 ○○의 마음을 보려고 노력하게 될 거야" 하고 말하는 건 어떨까요?

아이가 안아달라며 매달릴 때 무작정 밀어내면, 아이는 다른 방법으로 부모의 관심을 끌려고 합니다. 때로는 친구를 다치게 하거나 부모가 싫어하는 말이나 행동을 할 수도 있습니다.

초등학교 3학년까지는 충분한 스킨십이 필요합니다. 저 같은 교사들은 아이들을 마음놓고 끌어안거나 스킨십을 할 수 없습니다. 그러나 엄마는 평생 엄마이므로 자주 안고 어루만져 주며 아이에게 사랑의 증거를 보여 주세요.

말로만 '남을 배려하는 아이로 키우고 싶다'고 한다

　남을 배려할 줄 아는 아이가 되기를 바라면서도 전철만 타면 자리 양보 한 번 할 줄 모르는 사람, 약속을 잘 지키는 아이가 되기를 바라면서도 학부모회의에 지각하거나 무단결석하는 사람, 건강한 아이로 자라기를 바라면서도 아이를 늦게까지 재우지 않거나 해로운 첨가물이 잔뜩 든 과자를 사 먹이는 사람, 모두 이상은 높지만 실천은 나 몰라라 하는 부모들입니다.
　"남을 배려할 줄 아이가 되면 좋겠다." 입으로 백 번 떠들고 벽에 써붙여 봤자 소용없는 일입니다. 마음은 실생활 속에서 가꿔야 하는 법이니까요.
　부모 중 곧잘 "바깥놀이를 많이 하면 사회성 좋고 배려심 있는 아이로 자란다", "유아기에 너무 많은 지식을 가르치면 정서가 메마른다"라고 말하는 사람이 있습니다. 유치원 원장님 중에도 "저희 유치원 아이들은 모래놀이나 진흙놀이를 많이 하기 때문에 초등학교에 올라가서도 밝게 뛰어논답니다"라고 말하는 사람이 있습니다. 무슨 근거로 하는 말일까요?

바깥놀이를 많이 해도 까다로운 아이는 있습니다. 영어나 수학을 일찍 배워도 얌전하고 착한 아이가 있는가 하면 심술 사나운 아이도 있습니다. 바깥놀이를 하느냐 안 하느냐, 공부를 시키느냐 안 시키느냐, 이것은 아이의 인성과 연관이 없습니다.

전철에서 우르르 올라타서는 아이에게 "저기! 빨리 뛰어가서 자리 맡아!" 하고 외치며 등을 떠미는 엄마를 자주 보는데, 그런 아이는 노인이나 몸이 불편한 사람이 있어도 자리를 양보할 줄 모르는 부모의 모습을 보며 자랍니다.

수학 시간에 자기 눈에는 쉬운 문제를 붙들고 끙끙대는 아이를 보고 "저렇게 쉬운 문제도 못 풀어? 쟤 바보 아냐" 하는 아이가 있었습니다. 부모도 아이의 그런 말을 못 들은 체합니다. 그러면 아이는 알아차립니다. 부모도 '저 애는 바보구나' 하고 생각한다는 것을 말입니다.

초등학교에 들어가서 글자를 잘 못 쓰는 친구를 보며 "난 똑똑해서 다른 애들보다 좋은 학교에 갈거다? 다른 애들은 바보라 바보 학교에 갈 거야" 하고 으스대는 아이가 있었습니다. 아이가 이렇게 말하는 것은, 부모가 집에서 그런 식으로 말하기 때문입니다.

공부를 못하는 아이는 쓸모없는 인간이라는 잘못된 가치관이 어릴 때부터 형성되는 것입니다. 그런 부모도 남 앞에서는 '우리 아이가 배려심 있는 아이로 자라기를 바란다'고 당당히 말합니다. 하지만 아이는 부모를 닮게 되어 있습니다.

어느 똑똑한 여자아이가 있었습니다. 그 아이의 엄마는 어려움에 처한 사람이 있으면 자기 아이도 제쳐두고 달려가 도와주곤 했습니다. 그런 엄마의 모습을 보고 자란 여자아이는 넘어져서 우는 아이가 있으면 제일 먼저 달려가서 도와줍니다. 자기보다 뒤떨어지는 아이를 업신여기며 바라보는 경우는 결코 없습니다.

유치원 안내문이나 초등학교 가정통신문에는 이런 말이 흔히 적혀 있습니다.

"정직하고 바른 마음을 기릅시다."

"친절한 마음을 기릅시다."

"남을 더 생각하는 마음을 기릅시다."

이것은 보호자에게 전하는 말입니다. 그러나 이를 곧이곧대로 아이에게 강요하는 부모가 있습니다. 입으로만 "다른 사람도 생각할 줄 알아야지!" 하고 다그친다고 그런 마음이 자라는 것은 아닙니다. 그보다 이렇게 말하면 아이에게 잘 전달될 것입니다.

○ 누구를 만나도 늘 "안녕하세요" 하고 웃으며 인사하기

○ 쓰레기가 떨어져 있으면 줍기
○ 친구의 몸이나 얼굴에 대해 나쁜 말 하지 않기
○ 자기보다 못한 아이를 놀리거나 깔보지 않고 도와주기

남을 배려할 줄 아는 아이로 키우고 싶다면, 부모가 먼저 남을 배려하는 태도를 보여줘야 할 것입니다.

집중력만 키우면 된다고 생각한다

"초등학교 입학 전에는 집중력만 키우면 된다." 이렇게 아무 근거 없는 믿음을 갖고 있는 엄마들이 있습니다. 엄마 중에는 하루에 몇 시간씩 컴퓨터 게임에 몰두하는 아이를 보며 '어머, 저렇게 오래 앉아 게임을 하는 걸 보니 우리 애가 집중력이 굉장한가 봐!' 하는 착각에 빠지는 사람까지 있습니다.

물론 초등학교 입학 전의 아이는 타인의 이야기를 집중해 듣는 능력이 미숙합니다. 그 정도가 심하면 아이가 학교 생활에 많은 어려움을 겪게 되므로, 입학 전 부모의 올바른 지도가 필요합니다. 이때 타인의 이야기를 집중해서 듣는 능력은, 집중력보다 타인의 이야기에 주의를 기울이고자 하는 마음가짐이 더 필요합니다.

하지만 수업 내용을 알아듣지 못한다면 아이의 집중력도, 주의를 기울이고자 하는 마음가짐도 힘을 잃게 되지요. 어른도 전혀 모르는 내용의 강의를 40분씩 듣는 것은 고역입니다. 관심이 있고 기초 지식이 있어야 집중해서 들을 수 있습니다.

그러므로 초등학교에 들어가기 전에 수업 내용을 이해할 수 있을 정도의 준비가 필요합니다. 그러려면 유아기에 읽기와 쓰기, 셈하기의 기초를 익혀야 합니다.

초등학교 선생님은 어린이집이나 유치원 선생님들처럼 놀이를 통해 아이의 관심을 이끌어내는 수업을 하지 않습니다. 재미없는 선생님이라도 만나면 더욱 난감한 상황이 벌어지죠.

수업에 집중하려면 그 내용을 알아들을 수 있어야 하므로, 아이를 아무 준비도 없이 교실에 들여보내는 일은 없어야 합니다. 중요한 것은 집중력 이전에 읽기와 쓰기, 1부터 100까지의 수개념을 유아기에 익히는 것입니다.

나와 다른 사람을 받아들이지 못한다

"가만히 있으면 중간은 간다", "모난 돌이 정 맞는다", "남들 하는 대로만 하면 된다", "너무 나서려고 하지 마라"…. 말로는 창의력과 개성을 중시한다지만, 우리 교육은 아직도 이런 경향이 강합니다.

이런 환경에서 발달장애아는 특유의 행동 때문에 다른 아이들 눈에는 이상한 아이로 비칩니다. 그래서 보통의 기준과는 다른 이 아이를 따돌리거나 여럿이서 괴롭히기도 합니다.

발달장애아를 적극적으로 받아들이는 유치원이 있었습니다. 그곳에는 친구의 물병을 빼앗아 물을 마시거나 친구의 도시락 반찬을 함부로 집어먹는 아이가 있었습니다. 그런 행동을 다른 아이들에게 어떻게 이해시키는지 원장선생님에게 물어 보니 이렇게 말씀하더군요.

"아이들은 자폐증이나 발달 장애라는 개념을 이해하지 못합니다. 우리 유치원에서는 그 아이가 다른 아이의 물병을 빼앗을 때 '몇 번을 말해야 하니! 친구 걸 빼앗으면 안 된다고 했잖아! 왜 그렇게 말을 안 들어!' 하고 말하는 선생님은 한 사람도 없습니다. '네 물병은 이거니까 이걸로 마시자, 응?' 하고 거듭거듭 가르칩니다. 그러다 보면 다른 아이들도 자기 물병을 빼앗겼다고 화를 내지는 않아요. '넌 이걸로 마셔야지.' 아이들도 선생님을 따라 부드럽게 타이릅니다. 선생님의 행동을 보고 자연스럽게 배우는 겁니다."

초등학교는 의무교육인 탓에 특수 학급이 없는 학교도 있습니다. 중학교에 올라가면 그 수는 더 줄어듭니다.

머리로는 장애에 대해 이해하더라도 학교에서 쉬는 시간이나 운동회, 교류 급식(일주일에 몇 번 정도 특수 학교 아이들이 일반 학교에서 급식을 함께 먹을 때가 있습니다), 소풍, 캠프 등을 통해 함께 어울려 본 경험이 없으면 좀처럼 그 행동이나 특징을 이해할 수 없습니다.

같은 학교나 학급에 장애를 가진 아이가 있으면 자연히 돕게 됩니다. 운동회 때는 멋대로 행동하는 아이를 몇몇 아이가 조용히 제자리로 돌려보내는 광경을 종종 보곤 합니다.

눈에 띄게 이상한 아이, 혼자 연신 중얼거리는 아이, 이따금 말을 걸어도 알 수 없는 소리를 외쳐대는 아이, 그렇지만 내가 도와줘야 할 친구. 특수 학급이 있는 초등학교에 다녀 본 아이들은 몸으로 그것을 배웁니다.

세상에는 다양한 사람들이 있고, 내가 할 수 있는 일을 못하는 사람이 있다면 그를 도와줘야 한다는 것을 배워야 합니다. 혹시 그럴 만한 환경이 아니라면, 기회를 만들어서라도 교류를 할 수 있도록 부모가 노력해야 합니다. 그럴 때 '나와 다른 사람'을 받아들이는 성품이 자연스럽게 형성됩니다.

'우리 아이한테 지장을 줄 텐데…' 하는 마음에 장애아를 꺼리는 부모도 있습니다. 하지만 그런 아이와 함께 어울리는 경험은 오히려 아이의 인격 형성에 매우 긍정적인 영향을 미친다는 사실을 알아야 합니다.

026
발달장애아에 대한 이해가 부족하다

발달장애아라고 지능이 떨어지는 것은 아닙니다. 생김새도 크게 다르지 않습니다. 그럼에도 행동 때문에 종종 오해를 받곤 합니다.

발달 장애가 어떤 것인지 아직도 이에 대한 인식이 부족합니다. 아이가 발달 장애 진단을 받게 되면, 처음에는 어떤 엄마도 그 사실을 받아들이려고 하지 않습니다. 충격을 받는 것도 당연합니다. 그 중에는 "아니에요, 우리 아이는 발달 장애가 아니라고요!" 하고 신경질적인 반응을 보이기도 합니다. 발달 장애를 부끄러운 병으로 여기는지, 아니면 이를 엄마의 잘못으로 받아들이는지 주변에서 어떤 말을 해도 결코 굽히지 않습니다.

발달 장애는 지적 장애가 없는 지능지수 IQ 70 이상의 아이 가운데 다음의 네 가지 경우를 가리킵니다. 지적 장애가 있는 경우는 발달 장애의 범주에 들어가지 않습니다.

학습 장애LD

읽기·쓰기·셈하기 등의 능력만 현저히 떨어진다. 언어 발달은 정상적이고, 사회성도 있다.

주의력결핍과잉행동장애ADHD

· 주의가 산만하여 잠시도 가만히 있지 못한다.
· 충동적·공격적이다.
· 주의집중력이 떨어지고, 정리정돈을 못한다.

고기능 자폐증, 아스퍼거 증후군(전반적 발달 장애)

· 언어 발달이 늦다.
· 자기 관심 분야에 대해서만 일방적으로 이야기한다. 대화를 효과적으로 주고받기 어렵다.
· 공감 능력이 떨어져 상호 교류가 잘 되지 않는다. 눈치가 없고, 친구를 사귀지 못한다.
· 수학, 문학, 기호, 기차 등의 형식 번호, 시각표, 노선도, 국기 등에 강한 관심을 갖는다.

이런 증상들은 성격 때문인지 장애 때문인지 일반인으로서는 판단하기 매우 어렵습니다. ADHD의 경우 현재 초등학생의 5퍼센트,

그 중에서도 남학생 비율은 3배나 올라간다고 하니, 유난히 부산하고 산만한 5세 남자아이라면 반드시 짚고 넘어가야 합니다.

  만약 내 아이가 발달 장애는 아닌지 의심이 든다면 용기를 내어 전문의를 찾으세요. 발달 장애라면 가능한 빨리 사실을 받아들이고, 장애의 특성에 맞는 육아 방법을 택해야 합니다. 또 아이의 친구가 발달장애아라면 그 특성을 올바로 이해하고 도와줘야 합니다.

  "친구 중에는 달리기를 잘하는 아이도 있고 못하는 아이도 있지? 선생님 말씀을 조용히 잘 듣는 아이도 있고 못 듣는 아이도 있는 거란다. 그러니까 친구 ○○가 교실 안에서 막 돌아다니거나 큰 소리를 내더라도 잘 대해 줘야 해, 알겠니?"

  이렇게 일러두면 아이도 알아듣습니다.

  아이에게 장애가 있음을 미리 일러두지 않으면 장애의 특성을 이해하지 못하는 사람들 속에서 학교생활을 시작하게 됩니다. 그러면 아이가 교실 안을 헤집고 다니는 것은 ADHD로 인한 행동 장애 때문인데도 "왜 자꾸 돌아다니니! 가만히 앉아 있지 못해?" 하고 매일 꾸중을 듣게 됩니다.

  또 아이가 LD로 인해 읽기와 쓰기를 못하는데도 게으르고 노력이 부족하다고 꾸중을 듣게 됩니다. 그러면 아이는 '내가 뭘 하든 아무도 칭찬해주지 않아. 아무리 노력해도 난 공부를 못해' 하고 고민하게 되죠. 주변의 친구들도 '쟤는 만날 선생님한테 혼나는 바보야' 하고 생각하며 아이를 왕따의 표적으로 삼을 수 있습니다.

　초등학교 6년 내내 그런 일을 겪으면 사춘기 이후에 등교 거부나 우울증 같은 형태로 2차 장애가 나타납니다. 이것은 본래의 일시적 장애를 적절히 관리하지 못한 탓에 증상이 더욱 심화되어 나타나는 현상입니다. 주변의 도움이 있다면 충분히 피할 수 있는 일입니다.

　인격의 기초는 유아기에 형성됩니다. 그 중에서도 어린이집이나 유치원에 다니는 시기는 어느 때보다 중요합니다. '좀더 지켜봐야지', '초등학교에 들어가면 좀 나아지겠지', '이건 아이의 성격일 뿐이야' 하며 미루지 말고, 아이의 장래를 생각해 그 특성에 맞는 육아 방법을 택해야 합니다.

2

**부모가 해서는
안 되는
말과 행동**

언어 습관 편

유아어를 사용한다

슈퍼마켓의 빵 매장에서 있었던 일입니다.

"민아, 우리 이 빵 맘마할까요? 이거 마시쩌요, 그쵸~?" 어느 엄마가 세 살 남짓 된 아이에게 말을 걸고 있었습니다. 엄마는 마흔 정도 되어 보였습니다.

아이가 혀 짧은 소리로 맘마, 빠빠 하면 귀여워서 함께 따라하며 대응해 주지요. 하지만 두 돌이 지나서도 바른말을 배우지 못하면 어휘력이 떨어질 수 있습니다. 초등학교 입학 후에도 자기 생각을 제대로 표현하지 못하는 경우가 생길 수 있으므로 유아어에서 빨리 벗어나야 합니다.

아이가 "엄마, 쉬야", "손 탁탁, 발 꽁꽁", "지지야", "맘마 빠빠", "아빠손가락"이라고 말하더라도 부모는 "오줌 누러 가자", "손발 깨끗이 닦자", "더러워", "밥 먹자", "엄지손가락"이라고 정확한 표현을 아이에게 들려줘야 합니다. 부모가 아이의 언어 수준에만 맞추지 말고 아이가 바른말을 익힐 수 있도록 적극적으로 지도해야 합니다. 유아어를 포함해 어른에 대한 말투나 잘못된 표현 등도 그때그때 바로잡아 주는 것이 바람직합니다. 나중에 한꺼번에 주의를 주면 아이가 그때의 상황과 말을 제대로 연결짓지 못할 수도 있습니다. 그때그때 모범을 보이며 고쳐 주면 아이도 자연스럽게 올바른 표현을 익힐 수 있습니다.

또 하나, 초등학교 1학년 수학을 처음 배울 때 정사각형을 '참네모', 직사각형을 '긴네모'로 가르치는 경우가 있는데 이는 매우 비효율적인 방식입니다. 아이가 "참네모", "긴네모"라고 말하더라도 "그래, 정사각형 말이지?", "그래, 직사각형 말이지?" 하고 부모가 바로잡아줘야 합니다.

숫자를 사용하지만, 수학 역시 하나의 언어입니다. 언어를 정확하게 표현하는 아이일수록 비교·분류·공간·규칙과 같은 수학의 기본 개념을 정확히 터득할 수 있습니다. 더불어 처음부터 정확한 표현을 익히도록 해야 아이가 두 번씩 배우는 수고를 하지 않을 것입니다.

부모를 '엄마, 아빠'라고 부르게 둔다

예전에는 말을 배우기 시작하면서 바른 존칭을 쓰도록 하여 부모에게 자연스럽게 존칭을 썼습니다. 세월이 흐르면서 어른이 되어서도 부모에게 '엄마, 아빠'라는 호칭을 사용하는 모습을 흔히 보게 됩니다. 이는 부모들이 아이에게 부모에 대한 호칭을 제대로 알려주지 못한 때문입니다.

그러다 보니 결혼을 해서도 '엄마, 아빠'라는 호칭을 그대로 사용합니다. 듣기에 거북하고, 교양 없다는 생각이 듭니다.

그러면 언제부터 '어머니, 아버지'라고 불러야 할까요? 정해진 법은 없지만, 보통 초등학교 입학을 경계로 엄마를 어머니, 아빠를 아버지로 부르게 하는 것이 적당합니다. 이때 아이에게 엄마, 아빠는 학교 가기 전에 쓰는 말이라 일러주고 앞으로 어머니, 아버지라고 부르도록 지도하세요.

다른 사람 앞에서 자기 가족을 부를 때도 '어머니, 아버지, 할머니, 할아버지, 누나, 형, 고모, 삼촌' 등 바른 호칭을 사용할 수 있도록 지도해야 합니다. 또 가깝지도 않은 사람에게 아버지를 '아빠', 어머니를 '엄마'라고 부르는 것은 자연스럽지 않습니다.

집에서 높임말을 쓰지 않는다

우리나라는 높임말(존댓말)이 발달되어 있습니다. 웃어른에게는 반드시 높임말을 써야 하지요.

집에서 높임말을 거의 쓰지 않다가 학교에 들어가면, 높임말을 어떻게 써야 할지 당황하는 아이들이 있습니다. 선생님에게 "그랬어요", "그랬습니다" 하고 말할 것을 "그랬다요" 하고 엉뚱하게 말하기도 합니다. 제 딴에는 "그랬다"에 존대를 나타내는 '요'를 붙여 말하는 거지요. 혹은 "그랬슴다" 하고 축약해서 말하기도 합니다.

그런데 어른에게 대답할 때도 "예, 그랬습니다" 해야 할 것을 "당근이죠" 하고 말하는 경우가 많은데, 이런 말은 쓰지 못하게 하는 것이 좋습니다. 이처럼 요즘 유행하는 말은 상대 어른이 못 알아들을 수도 있고, 무엇보다 바른 언어가 아니니까요.

높임말도 말버릇 중 하나입니다. 어려서 습관을 잘 들여놓지 않으면 나중에 새로 습관을 들이기가 참 어렵지요. 가정에서 부모와 함께 생활할 때 배우지 않으면 나중에 어디서 높임말을 배울까요? 또래 아이들과 지내는 시간이 많은 학교에서는 높임말보다 또래 말에 더 노출되기 쉽습니다. 높임말은 어른과 함께 있을 때 익히고 써야 합니다.

가장 좋은 방법은 부모가 아이에게 높임말을 쓰는 것입니다. 아이들의 언어 교육은 대부분이 모방입니다. 주변 사람들의 말투와 어휘를 흉내 내어 언어를 습득해 갑니다. 높임말을 따로 가르칠 게 아니라 시범을 보이는 것이 가장 효율적인 교육 방법입니다.

아이들에게 명령하거나 지시할 일이 생기더라도 명령형의 말 대신 '함께 먹어요, 조용히 해요, 손 닦아요, 들어올래요, 이제 잘까요' 와 같이 청유형이나 의문형으로 말하면 아이들이 더 잘 받아들입니다. 부모가 평소 서로 높임말을 쓰는 모습을 아이에게 보여 주는 것도 좋은 방법입니다.

아이에게 높임말을 가르친다는 것은 단순한 언어 교육을 넘어 높임말을 매개로 아이에게 인간 관계를 함축적으로 가르치는 일이 기도 합니다. 높임말을 쓴다는 것은, 상대방에 대해 예의를 갖추고 존중한다는 마음가짐의 표현이니까요.

높임말을 잘못 쓴다

간혹 이런 문장을 높임말로 적절하게 쓸 줄 모르는 사람이 있습니다.

· 선생님 왔어 → 선생님이 오셨습니다

· 미안요 → 죄송합니다

· 먹으세요 → 잡수세요

· 말해 둘게요 → 말씀 전하겠습니다

또는 공손한 말씨에 너무 신경을 쓴 나머지 "선생님, 이쪽으로 오시면 되십니다"라거나 "선생님께서 그러신다고 말씀하셨습니다"라고 말하는 사람도 있습니다. 이것은 '이중 높임'이라는 오류입니다. 올바른 표현은 "선생님, 이쪽으로 오시면 됩니다", "선생님이 그런다고 말씀하셨습니다"입니다. 이와 함께 "선생님이 말씀하신 것 중에 여쭤 보실 게 있으신데요"처럼 행위의 주체를 높이는 '시'를 전혀 엉뚱한 곳에 붙이는 실수도 종종 볼 수 있습니다.

부모가 아이 앞에서 잘못된 높임말을 쓰면 아이는 잘못된 높임말을 들으며 자랍니다. 그런 아이는 올바른 높임말을 쓸 줄 모르게 됩니다.

올바른 높임말을 쓰기란 그리 간단치 않으므로, 아이와 이야기를 할 때는 높여야 할 사람과 존칭에 특히 주의해야 합니다. "오늘 원장선생 있니?", "선생님이 내일은 아빠더러 오시라고 하네"가 아니라, "오늘 원장선생님 계시니?", "선생님이 내일은 아버지한테 오라고 하시네"가 되어야 합니다.

031
'빨리빨리'를 입에 달고 산다

오늘 아침에 아이를 유치원에 보낼 때까지 "빨리 좀 하라니까, 빨리!"라는 말을 몇 번이나 했는지요? 2분에 한 번은 외치지 않았나요?

"어서 일어나. 유치원 갈 준비해야지, 빨리!"
"빨리 갈아입으라니까! 뭘 그리 꾸물대니?"
"깨작깨작거리지 말고 빨리 먹으랬지!"
"화장실은 안 갈 거야? 이따 보채지 말고 빨리 지금 다녀와!"

'빨리빨리'를 외치는 엄마와 그런 엄마는 아랑곳없이 꾸물꾸물 제 속도대로 움직이는 아이. 아이가 있는 집의 아침 풍경은 대개 이러합니다.

하지만 곰곰이 생각해 보면, '빨리빨리'는 엄마의 초조함을 겉으로 드러내는 말일 뿐 아이의 행동을 바꾸는 효과는 없습니다. 게다가 '빨리빨리'라는 말은 엄마의 초조한 마음을 더욱 부채질하는, 아이가 아닌 엄마 스스로를 향한 외침입니다.

엄마가 '빨리빨리'를 외치든 말든 아이의 행동이 빨라지기는커녕 엄마의 마음만 조급해진다면, 이것은 애초에 할 필요가 없는 말입니다. "빨리 일어나라니까!"라는 말 대신 "아침이다. 어서 일어나야지!"라고 말하고, "빨리 먹어야지!"라는 말 대신 "아침 준비 다 됐다. 와서 밥 먹으렴!"이라고 말하는 것이 낫습니다.

신기하게도 '빨리빨리'를 외치지 않으면 엄마도 마음의 여유가 생기기 시작합니다. 조금이라도 마음의 여유가 생기면 그날 아이의 상태를 봐가며 시간을 배분해 상황에 대처할 수 있게 됩니다. 이편이 아이에게 '빨리빨리'를 외치며 다그치는 것보다 엄마와 아이가 모두 기분좋게 하루를 시작할 수 있는 현명한 방법일 것입니다.

아이가 자란 후에도 이런 버릇을 못 고치는 사람이 있습니다. "빨리 일어나!", "오늘도 늦니? 빨리 집에 와야지!" 이처럼 온종일 단순한 문장만이 오가는 빈약한 언어 환경에서 자란 아이는 어휘력도 떨어질 수밖에 없습니다.

'완전', '짱', '미쳐' 같은 비속어를 자주 사용한다

아침 출근 때 "오늘은 고객 접대가 있어서 늦으니까 내 저녁밥은 안 해도 돼" 하고 말했던 아버지가, 예정보다 일찍 퇴근해 돌아왔습니다. 아이들과 함께 피자로 저녁밥을 대신하려던 엄마는 자신도 모르게 불쑥 말을 내뱉습니다. "뭐야! 완전 짜증나! 미쳐! 밥 어떡해!" 이 말의 속뜻은 "일찍 왔네. (당신이 오늘 늦으니까 저녁밥은 안 해도 된다고 해서) 저녁밥 준비를 안 했는데 어떻게 하지?"라는 의미일 것입니다.

"뭐야! 완전 짜증나! 미쳐! 밥 어떡해!" 이 말로도 아이들이 엄마의 말뜻을 알아듣는다면, 이는 매우 위험한 언어 환경입니다. 이런 말에 매일 노출되는 아이들 또한 이처럼 품위 없는 말을 사용하게 될 테니까요.

아이가 사용하는 언어의 질은 부모가 사용하는 언어의 질을 따라

갑니다. 부모의 언어 습관이 아이에게 고스란히 전달되는 것입니다. 아이는 부모가 사용하는 말을 무의식 속에 저장해 놓고 자라는 내내 하나씩 꺼내 쓴다는 사실을 잊지 마세요.

한번은 글쓰기 숙제에 "친구가 날 갖고 욕해서 빡쳤다"라고 쓴 초등학생이 있었습니다. '빡친다', '짱이다', '열받는다', '쩐다' 같은 비속어는 사용하는 사람의 품위를 떨어뜨리고, 듣는 사람의 기분을 해칩니다. '유행어인데', '다른 아이들도 다 그러는데' 하고 가볍게 생각하지 마세요. 글을 쓸 때도, 일상 대화를 할 때도 절대 사용하지 않도록 주의를 줘야 합니다.

이때 순화해 사용할 수 있는 말을 알려 주는 것도 중요합니다. 아이의 눈높이에 맞는 표현과 방법을 써야 부모에게 왜 그런 지적을 받는지 그 이유를 잘 이해할 수 있을 것입니다.

바깥에서 아무리 겉치레를 잘하더라도 결국 바탕은 드러나게 되어 있습니다. 안에서 평소 엄마가 어떤 말을 사용하는지 아이들은 늘 듣고 있습니다.

우리말과 영어를 섞어 쓴다

조기 영어 교육 열풍 속에 이중 언어 교육에 대한 관심이 높아지고 있습니다. 학원이나 교재 중심의 영어 '학습'에서 일상생활 속의 영어 '습득'의 중요성이 강조되고 있는 것입니다. 어릴 때부터 영어에 자연스럽게 노출시켜 우리말처럼 받아들이게 한다는 것이 핵심입니다.

방법도 다양합니다. 이중 언어 교육을 표방하는 영어유치원 등에 보내는 것은 고전적인 방법에 속하고, 말문이 트일 무렵부터 영어책을 읽어주는가 하면, 놀이와 대화를 통해 영어에 친숙한 환경을 만들어주기 위해 노력합니다. 그런데 아이와 이야기할 때 '우리말에 영어를 뒤섞은 이상한 말'을 쓰는 엄마들이 있습니다.

"이 피자 셰어해서 먹자."

"우리 쇼핑 가서 아이스크림 겟해 오자."

"유치원 갈 시간이 타이트하네!"
"셧다운한다! 허리 업!"
"우와, 원더풀! 너 정말 뷰티풀하구나!"

이런 말만 하다가는 영어는 고사하고 우리말도 제대로 못하게 됩니다. 영어 습득을 위해 엄마가 짧은 시간 영어를 사용하는 것은 놀이 정도로 여길 수 있지만, 늘상 우리말 속에 영어를 섞어 쓰는 경우 아이는 대상과 단어를 연결하는 데 혼란을 겪고 서로 다른 문법 체계를 익히는 데 어려움을 겪게 됩니다.

유아기는 아직 두 언어의 구분이 확연하지 않을 때이므로, 이중 언어로 인한 혼란을 막으려면 우리말에 영어를 섞어 쓰는 일은 삼가야 합니다. 이중 언어 환경을 만들어 줄 때 가장 좋은 방법은 우리말은 온전한 우리말 문장 그대로, 영어는 온전한 영어 문장 그대로 접하게 하는 것입니다.

하지만 무엇보다 유아기에는 우리말의 토대를 확실히 다져 두는 것이 중요합니다. 우리말을 통한 어휘력과 문장력은 영어를 습득하는 데에도 매우 중요한 요소입니다. 우리말을 못하면 영어도 결코 잘할 수 없습니다. 외국어를 이용한 직업의 대표격인 동시통역사도 우리말 어휘력이 풍부한 사람만이 할 수 있는 일입니다.

무슨 일이든 장황하게 설명한다

　엄마가 살살 어르는 목소리로 이렇게 장황하게 설명하는 것은 오히려 역효과가 납니다.
　"잘 보세요, 식탁이 뭐하는 곳일까요? 가족끼리 모여서 맛있게 맘마 먹는 곳이지요? 이렇게 지지 묻은 발을 올려놓으면 세균벌레가 엄마 아빠 뱃속에 들어가서 배가 아야 하겠죠? 그러니까 발은 내려놓으세요, 네?"
　듣기만 해도 답답해집니다. 도대체 무슨 말을 하려는 걸까요?
　아이가 잘못했을 때는 무서운 얼굴을 하고 평소와 다른 말투로 따끔하게 꾸짖어야 합니다. "식탁은 밥 먹는 곳이니까 발 올리면 못써!"
　이 말은 돌쟁이 아이라도 알아듣습니다. 아이에게 부드러운 말씨를 쓰는 것도 좋지만, 잘못을 했을 때는 단호해야 합니다.

많은 사람이 막연한 표현을 좋아합니다. 매번 말끝을 애매하고 불확실하게 얼버무립니다. 자기 의견을 말할 때도 '~라고 생각해' 또는 '~인 것 같아'를 붙이곤 합니다. 상대가 마음상하지 않도록 배려하는 차원이겠지만, 책임을 회피하려는 표현으로도 들립니다.

그림책도 변변히 읽어주지 않으면서, 또 자기 의사를 분명히 전할 만큼 어휘력도 발달하지 않은 아이에게 이런 애매한 표현으로 이야기하면 안 됩니다. 인생 경험이 풍부한 부모가 어른으로서 단호히 꾸짖어야 합니다.

거북한 말이지만, 아이를 훈육하는 것은 개나 고양이를 길들이는 것과 비슷합니다. '윗사람의 말은 무조건 따라야 한다'는 기본 축을 세웁시다. 안 되는 것은 안 된다고 단호히 말하고, 주렁주렁 달린 설명은 쳐내야 합니다.

035
에둘러 말한다

무당벌레 그림을 그려 보라는 숙제가 있습니다. 엄마는 멋진 그림을 그리게 하려고 안간힘을 씁니다. "우리, 사과 색깔 같은 크레용으로 예쁜 무당벌레를 그려 볼까?" 엄마 나름대로 힌트를 주려는 것인지, 아니면 교육적 배려로 착각한 것인지 공연한 수식어를 붙입니다.

아이는 무당벌레와 사과 색깔을 어떻게 연결해야 할지 몰라 머리가 혼란스럽습니다.

엄마는 빨간 바탕에 일곱 개의 까만 동그라미가 있는 칠성무당벌레밖에 생각하지 못하지만, 무당벌레에는 이십팔점박이무당벌레 · 애홍점박이무당벌레 · 노랑무당벌레 등 수많은 종류가 있습니다. 십이흰점무당벌레는 누런 갈색에 회색 점무늬가 있습니다. 무당벌레라고 모두 빨갛지는 않습니다. 사과도 흔히 있는 부사나 홍로·홍월 말고도 골드·아오리 등 여러 종류가 있지요.

아이는 연두색 크레용을 집습니다. 연둣빛이 나는 아오리를 가장 좋아하기 때문입니다. 그러자 엄마가 "어머, 무당벌레가 초록색이었나?" 하고 에둘러 묻습니다. 아이는 점점 더 혼란스러워집니다.

이럴 때는 단순하게 생각해야 합니다. 아이에게 "우리 빨간 크레용으로 무당벌레를 그려 보자"라고 말하면 되죠.

유치원에서 동물원으로 소풍을 다녀온 후 "동물원에서 본 동물을 그려 보자"라고 해도 아이들이 선뜻 그리지 못할 때, 견본으로 코끼리 그림을 보여 주면 대부분은 코끼리를 그립니다. 코끼리를 보지 못한 아이도 코끼리를 그리죠.

그림 같은 것은 개인의 경험에 따라 그 이미지도 달라집니다. 공부하듯 색깔을 지정하는 것은 좋지 않습니다.

3

부모가 해서는
안 되는
말과 행동

훈육 편

아이를 제때 훈육하지 않는다

　아이를 키우다 보면 매를 들게 될 때가 있습니다. 몇 번 따끔하게 혼을 내면 알아들을 법도 하건만, 도무지 말로 해서는 안 되니 결국 매를 들게 됩니다.
　그러면 왜 매를 들어야만 말을 듣는 아이가 되었을까요? 이는 부모가 훈육을 제때 시작하지 않은 탓이 큽니다.
　유치원에 입학하는 날부터 졸업하는 날까지 매일 지각을 하는 아이는 어떻게 될까요? 아마도 시간 약속을 지킬 줄 모르는 개념 없는 어른이 되겠지요.
　저의 지인 중에도 늘 5분에서 10분씩 지각을 하는 사람이 있습니다. 또 회의 시간에 늘 지각을 하는 직원도 있습니다. 입으로는 "미안~", "죄송합니다" 하고 사과하지만, 표정은 진심으로 미안해하는 것 같지 않습니다.

이런 나쁜 습관은 어른이 되어서 새삼스럽게 생긴 게 아니라 어릴 때부터 만들어진 것입니다. 약속 시간에 늦으면 조바심이 나고, 주변이 지저분하면 불쾌하며, 자세가 나쁘면 기분이 나빠지고, 약간의 불편은 참으며, 손윗사람을 공경하는 것과 같은 태도는 평소의 생활습관을 통해 유아기 때부터 몸에 배는 것입니다. 이런 '품성'은 출생과 동시에 유아기 중에 길러지고, 어른이 되어서 익히려 하면 늦습니다.

훈육은 아이가 태어나는 순간 시작해야 합니다.

아기는 태어나기 전부터 엄마 젖을 빠는 방법을 알고 있습니다. 하지만 해도 되는 일과 해서는 안 되는 일은 알지 못하죠. 아기는 백지상태로 세상에 나와 원하든 원치 않든 여러 가지 색으로 물들어 갑니다.

아기가 식탁에 발을 얹자, 엄마가 "식탁은 밥 먹는 곳이니까 발 내려!" 하고 따끔하게 혼을 냅니다. 늘 상냥하던 엄마가 갑자기 호랑이처럼 변합니다. 그때 두 살배기 아기도 평소와 다른 분위기를 알아차리고 발을 내립니다. 아기가 발을 내리자 엄마는 다시 상냥한 미소로 "참 잘했어요" 하고 안아 줍니다. 앞으로 아기는 더 이상 식탁에 발을 얹지 않을 것입니다.

하지만 '어린애가 뭘 알아듣겠어?' 하는 생각으로 버릇없이 굴어도 내버려두다가 '네 살쯤 되면 가르쳐야지' 하고 임의로 시기를 정해 뒤늦게 훈육을 시작하는 부모가 있습니다. 지금껏 해도 되던 일을 어느 날 갑자기 못하게 된 아이는 혼란스러워집니다. 게다가 이미 몸에 밴 나쁜 버릇은 쉽게 고쳐지지 않습니다.

아무리 말로 타일러도 아이가 듣지 않으면, 급기야 부모는 "몇 번을 말해야 알아들어!" 하고 화를 내거나 매를 듭니다. 이것은 훈육이 아닌 체벌입니다. 체벌을 하면 그 효과는 당장에 나타납니다. 그러나 이는 아이의 생각을 변화시키는 게 아니라, 그저 그 순간을 모면하기 위한 변화를 꾀하는 것입니다. 그 효과도 5~6세 정도까지일 뿐입니다.

체벌은 부모가 원하는 바를 아이에게 가르쳐주지 못합니다. 처음 식탁에 발을 얹을 때 바로 가르치면 아이는 나중에도 부모의 말을 순순히 따르게 되고, 부모도 아이에게 고함을 치거나 매를 들지 않아도 될 것입니다.

진지한 태도로 꾸짖지 않는다

날이면 날마다 입만 열면 기관총처럼 잔소리를 쏟아대는 엄마가 있습니다. 하지만 아이는 영 버릇이 없습니다. 텔레비전이나 라디오를 틀어놓고 공부하거나 딴청을 부리는 습관이 들어 있기 때문입니다.

엄마가 부엌에서 설거지하면서 "주원아!", "정민아! 뭐하니!", "민상이 너 공부 안 해?" 하고 아이들의 이름만 불러댑니다. 아이는 자기 이름을 부르면 잠시 움찔하지만, 이내 다시 텔레비전을 보거나 하던 장난을 계속합니다. 자발적으로 행동할 줄 모르는 아이는 엄마의 말에 조건반사적인 반응만 할 뿐입니다. 아이의 귀에는 이미 못이 박혀 있습니다.

'꾸중'과 '화'에는 큰 차이가 있습니다. 꾸중에는 목적이 있고 그 목적으로 아이를 이끌기 위한 주의 과정인 반면, 화는 감정을 억누르다 폭발해 버리는 것입니다. 감정적으로 화를 낼 게 아니라 계획적으로 꾸중을 해야 합니다.

아이를 꾸짖을 때 어떻게 하는지요? 평소처럼 새된 소리로 "몇 번을 말해야 알아들어!" 하고 소리치지는 않습니까? 그렇게 소리치면 아이는 "엄마가 또 시끄럽게 떠드네" 하며 한 귀로 흘릴 뿐입니다.

꾸짖을 때는 표정이나 태도를 바꿔야 합니다. 저도 교실에서 아이들을 꾸짖을 때는 평소의 상냥한 선생님에서 호랑이 같은 선생님으로 변합니다. 목소리도 낮게 깔고, 말하는 속도도 늦춥니다. 표정도 가면처럼 딱딱하게 바꿉니다. 그리고 아이들을 물끄러미 바라봅니다. 평소와 달리 팽팽하게 긴장된 공기, 네 살짜리 아이들도 그것을 느끼고 조용히 합니다.

제가 뭐라고 하지 않아도 아이들은 충분히 반성하고 있습니다. 이때 한 마디를 건넵니다. "다시는 그런 짓 하면 못써."

집에서도 그렇습니다. 꾸중을 할 때는 자리를 옮겨 꿇어앉히세요. 이런 행동만으로도 아이는 무슨 말을 들을지 압니다. 그런 다음 담담히 말하세요. 말의 내용보다는 분위기, 표정, 목소리 톤, 쏘아보는 눈빛, 이런 모든 몸짓을 계획적으로 연출하여 아이 스스로 잘못을 깨닫게 하는 것입니다.

아이가 "엄마 미워! 죽었으면 좋겠어!" 하고 외칩니다. 파를 썰고 있던 엄마는 '꾸중'할 분위기를 조성하기 위해 우선 들고 있던 칼을 도마에 쾅, 하고 내려놓습니다. 그런 다음 꼼짝하지 않고 아이를 지그시 쏘아봅니다. 그렇게 엄마와 아이 사이에 침묵이 형성되면 아이는 심상치 않은 분위기를 깨닫습니다.

엄마는 표정, 목소리 톤, 말하는 속도를 바꿔 숙연한 분위기를 만들고 "방금 엄마한테 뭐라고 했지?" 하고 말한 후 "다시는 엄마한테 그런 소리 하면 안 돼!" 하고 말합니다. 아이가 알아듣게 하려면 배우 뺨치는 연기를 할 수 있어야 합니다.

이럴 때 "엄마한테 죽으라고 하면 어떡하니? 그럼 엄마가 슬프잖아" 하고 어정쩡한 태도를 취한다면, 앞으로도 제 마음대로 안 될 때마다 아이는 "엄마 죽어!"라고 외칠지도 모릅니다.

아이가 하면 안 될 말을 할 때는 엄하게 꾸짖으세요. 엄마가 그렇게 하면 선생님을 대할 때도 자연히 말조심을 하게 됩니다.

아이에게 얕잡아 보인다

선생님이 "세 번 말해서 안 들으면 교실 밖으로 쫓아낼 거야!" 하고 꾸짖는 것을 보고, 바로 이거다 싶어 집에서 곧장 따라한 엄마가 있었습니다. 하지만 엄마는 선생님처럼 단호하게 말하는 법도, 눈을 이글이글 불태우는 법도 모르고 그저 "세 번 말해서 안 들으면 집에서 쫓아낼 거예요" 하고 꾸짖는지 달래는지 애매모호하게 말할 뿐이었습니다.

그러자 아이는 동생의 장난감을 뺏거나, 허락 없이 냉장고의 간식을 꺼내 먹거나, 일부러 우유를 흘리는 등 같은 말썽을 두 번씩 부리기 시작했습니다. 그러면서 "두 번만 했으니까 괜찮지~?" 하며 혀를 쏙 내밉니다.

부모의 이런 태도는 결국 아이에게 말꼬리만 잡혀 얕잡아 보일 뿐입니다.

잘못한 일을 꾸짖기만 한다

늘 쩝쩝 소리를 내며 음식을 먹는 아이가 있었습니다. 포도처럼 자기가 좋아하는 달콤한 과일을 먹을 때는 더 심하게 소리를 냈죠. 엄마는 그 소리가 늘 신경 쓰이고 짜증이 났습니다. "얘가 왜 자꾸 쩝쩝거리지? 조용히 좀 먹어! 지저분해서 못살겠네!" 맛있는 간식이 순식간에 모래 씹는 맛으로 변합니다.

포도 좀 시끄럽게 먹었다가 아이는 졸지에 인격을 부정당하고 만 것입니다. 그후 아이는 나머지 포도를 소리 내지 않고 먹었지만, 엄마는 아무 반응도 보이지 않습니다.

이럴 때는 아이에게 "소리 내지 말고 먹어야지" 하고 한 마디만 하면 됩니다. 그리고 엄마의 주의를 잘 지키면 "소리 안 내고 참 잘 먹네" 하고 꼭 칭찬해 주세요.

이는 쥐에게 일정 행동에 따른 규칙적인 보상을 주면 그 행동이 강화된다는 '스키너의 조작적 조건화' 이론에 따른 것으로, 아이에게 비판을 삼가고 칭찬에 역점을 두면 긍정적인 행동이 강화되고 부정적인 행동은 억제됩니다.

꾸중은 무의식중에 할 수 있지만, 칭찬은 의도적으로 노력하지 않으면 하기 어렵습니다. 그래서 부모들은 대개 아이가 잘못한 부분만 집어내서 야단치기 일쑤입니다.

다음은 그런 나쁜 사례입니다.

× 방을 어지럽힐 때는 꾸짖지만, 치울 때는 칭찬하지 않는다.
× 친구와 싸울 때는 야단치지만, 사이좋게 놀 때는 칭찬하지 않는다.
× 동생에게 장난감을 빌려주지 않을 때는 야단치지만, 빌려 줄 때는 칭찬하지 않는다.

아이가 나쁜 일(부정적인 행동)을 할 때는 꾸짖지만, 착한 일(긍정적인 행동)을 할 때는 무심하거나 간과하기 쉽습니다. 긍정적인 행동을 강화하면 부정적인 행동은 점차 줄어듭니다. 이런 인간의 심리는 아이의 경우도 마찬가지입니다.

아이가 엄마의 꾸중을 알아듣고 반성하면 반드시 태도가 개선됩니다. 이 시점을 놓치지 말고 바로 "얌전히 잘 먹을 줄도 아네, 이제

다 컸구나" 하고 칭찬하세요.

아이가 꾸중을 듣고 나름대로 노력하는데도 부모가 그것을 알아주고 인정해주지 않는다면 아이의 태도는 원래대로 돌아가고 맙니다. 꾸중을 했으면 칭찬도 해주세요. '꾸중'과 '칭찬'은 언제나 함께 다녀야 합니다.

늘 명령하듯 말한다

 "밥 먹어", "양치질 해", "차에 타." 제가 아는 한 엄마는 아이에게 늘 명령하듯 말합니다. 그러면서도 제게 자기 아이는 "해주세요"나 "고맙습니다"라는 말을 도통 할 줄 모른다며 불평합니다. 이 엄마의 문제는 너무도 명백하지만, 정작 본인만 문제를 보지 못하는 것 같습니다.
 어른들한테는 정중히 부탁하면서도 아이들한테는 명령하듯 말하는 부모가 많습니다. 이런 사실을 모르는 아이는 그저 부모가 자신한테 말하는 방식을 그대로 따라할 뿐입니다. 부모의 본을 잘 따른 것이니, 설령 아이가 예절을 지키지 않는다 해도 그 아이를 비난할 수 없습니다.
 그런가 하면 아이가 집에 오면 대뜸 "손은 씻었니?" 하고 묻기부터 하는 엄마가 있습니다. 틀림없이 손을 씻지 않았을 거라고 의심하는 말투죠. 성악설을 믿는 듯 아이를 감시하는 태도입니다.

"숙제했니?" 이것 역시 하지 않았음을 전제로 한 말투입니다. 반사적으로 아이는 '지금 하려고 하는데 짜증나게!' 하고 생각하게 되죠.

계속 이렇게 확인과 명령을 반복하다 보면, 아이도 짜증이 나 엄마에게 부정적인 감정이 쌓이게 됩니다. 유아기나 초등학교 저학년까지는 순순히 따르는 듯 보여도, 중학생쯤 되면 틀림없이 "잔소리 좀 그만 해, 엄마!" 하고 대들게 될 것입니다.

부모가 아이를 존중하지 않으면, 부모 역시 아이한테서 존중받지 못할 것입니다. 부모가 아이를 존중해야 부모의 권위도 손상시키지 않습니다.

041
기분을 조절하지 못한다

 주변 사람이 화를 내도 평정을 유지하는 남다른 능력의 소유자도 더러 있지만, 대부분의 사람은 주변 사람의 기분에 영향을 받습니다. 특히 모든 가족 구성원의 기분은 다른 구성원에게 영향을 미칩니다.
 고함치는 부모를 둔 아이는 고함칠 가능성이 높습니다. 아이에게 짜증을 내는 부모는 아이가 짜증을 내도록 자극합니다. 늘 불평을 달고 사는 부모의 아이는 불평이 많을 확률이 높습니다.
 반드시 그렇지 않을 수도 있지만, 부모가 그렇지 않을 때보다 그 빈도가 훨씬 높은 것은 분명합니다. 반면 아이의 성격에 따라서 부모처럼 화를 내는 대신, 누군가 화를 내거나 분노와 관련한 문제를 보일 경우 극도로 당황할 것입니다.
 아이들은 기분도 전염된다는 사실을 이해하지 못합니다. 부모의 신경이 극도로 날카로워진 이유가 자신이 하루 종일 부모를 긴장시켰기 때문이라는 사실도 전혀 모릅니다.

그런 아이를 혼내 행동을 바꾸려면 수년이 걸릴지도 모릅니다. 게다가 아이들은 기분이 우울해지면 이내 고약한 행동을 함으로써 부모를 괴롭힙니다. 부모의 기분이 나빠질 것을 알면서도 말이죠. 이런 악순환의 고리를 깨려면 어른인 부모가 나서야 합니다.

아이가 자신의 기분을 성숙한 방법으로 조절하기를 원한다면, 부모가 먼저 자신의 기분을 조절하는 데 있어 성숙함을 보여야 할 것입니다. 그래야 아이의 기분에, 그리고 그 기분에 대처하는 방식에 긍정적인 영향을 미칠 수 있습니다. 또한 그 영향력은 선순환의 고리를 형성하여 가족 모두에게 퍼져 나갈 것입니다. 기분은 전염되는 것이니까요.

의미 없는 협박을 반복한다

× 장난감 정리 안 하면 다 갖다 버릴 거야!
× 자꾸 게임만 하면 오늘은 저녁밥 없다!
× 그렇게 엄마 말 안 들으면 고아원에 보내 버릴 거야!

이런 협박을 들으면 아이는 엄마의 말을 따를 수밖에 없습니다. 처음에는 마지못해 말을 듣습니다. 그렇지만 실제로는 정리하지 않는다고 장난감을 버리지도 않고, 게임을 한다고 저녁을 안 주지도 않으며, 말을 안 듣는다고 고아원에 보내 버리지도 않는다는 것을 알고 있지요.

아이는 단순한 협박임을 알게 되고, 엄마는 의미 없는 협박을 1년 365일 반복하게 됩니다. 더욱이 이런 협박은 아이에게 거짓말을 가르칠 뿐입니다.

어쩔 수 없는 사실을 들먹인다

× 네가 형(오빠)이잖아.
× 남자가 왜 그러니?
× 벌써 다섯 살이나 돼 가지고!
× 쟤가 동생이잖니.

어쩔 수 없는 사실을 들먹이며 타박한다고 해결되는 것은 없습니다. 아이라고 자기가 원해서 맏이로 태어난 것도 아니고, 남자로 태어난 것도 아니니 어쩔 도리가 없죠.

다음의 예도 피할 수 없는 현실입니다. 하지만 ○표처럼 바꿔 말하면 어떨까요?

하얀 피부를 타고난 여자아이가 있었습니다. 하지만 엄마는 가무잡잡한 피부를 좋아했습니다.

×　얘는 왜 이렇게 얼굴이 하얄까? 허약해 보이게스리.
○　얼굴이 뽀야니 얼마나 예뻐! 피부미인이 진짜 미인이지~.

한편 가무잡잡한 피부를 가진 아이의 엄마는 하얀 피부의 아이를 동경했습니다.

×　촌스럽게 얼굴은 까매 가지고.
○　피부가 가무잡잡하니까 참 건강해 보이네.

미숙아로 태어나 학급 평균보다 키도 작고 체중도 미달인 아이의 엄마가 있었습니다.

×　얘는 왜 이렇게 작은지 몰라.
○　아직 자전거 뒷자리에 태울 수 있어서 좋네.
○　나이보다 좀 어려 보여야 주변에서도 예쁘게 봐 주지.

종이와 연필을 준비하여 내 아이의 '고치고 싶은 부분' 열 가지를 적어 보세요. 그런 다음 다른 종이를 꺼내 아이의 '장점' 열 가지도 적어 보세요. 이 테스트를 통해 자신이 얼마나 엄격한 잣대로 아이를 평가하고 있는지 깨닫게 될 것입니다.

인신공격성 비난을 한다

× 애 진짜 짜증나.
× 겁쟁이.
× 왜 크레용을 부러뜨리니! 못된 애 같으니!
× 왜 그렇게 미적거리니? 참 구제불능이다!

"왜 크레용을 부러뜨리니! 못된 애 같으니!"에서 '못된 애'는 불필요한 말입니다. 이것은 아이의 행동을 지적한다기보다 아이 자체를 겨냥한 말입니다. "크레용을 부러뜨리면 못써요"라고 행동만 타이르면 될 일입니다.

"애 진짜 짜증나", "참 구제불능이다"라는 말도 마찬가지입니다. 이런 식의 짜증 섞인 목소리나 인신공격성 비난을 한다면 아이의 행동은 더욱 나빠질 수밖에 없습니다.

아이에게 "너는 나쁘고 이기적이고 게으르고 멍청하고 칠칠치 못하다"는 식의 말을 하는 것은 꼬리표를 붙이는 행위와 다름없습니다. 게다가 아이가 "난 노력해봤자 소용없어. 난 멍청한 아이니까"라거나 "난 이미 나쁜 아이로 찍혔어"라는 식으로 그 꼬리표를 받아들인다면, 아이는 그에 맞춰 살기 시작할 것입니다.

부모가 할 일은 아이 자체가 아니라 아이의 행동을 지적하는 것입니다. 예를 들어 "친구의 장난감을 허락도 없이 가져오는 것은 나쁜 행동이야"라고 말함으로써 아이의 행동만을 판단하는 것입니다.

반면 긍정적 꼬리표는 완전히 다릅니다. 긍정적 꼬리표를 잘 이용하면 아이가 설령 실수를 저질렀을 때조차 좋은 행동을 강화할 수 있습니다. "네가 그렇게 나쁜 행동을 할 줄은 몰랐어. 엄마에게 너는 늘 착한 아이거든." 이런 말은 부모가 아이에 대한 긍정적인 시선을 포기하지 않았고, 그 '착한 아이'라는 꼬리표에 맞춰 살기에 늦지 않았음을 확인시켜 주기 때문입니다.

형사처럼 심문하듯 한다

× 대체 넌 어쩌자고 그러니?
× 왜 옷은 벗어서 다 팽개쳐 놓는 거야!

말을 할 때마다 '어쩌자고' '왜' 등을 붙이는 엄마들이 무척 많습니다. 하지만 아이의 행동이란 대부분 그 순간 그러고 싶었기 때문에 하는 것일 뿐, 이유는 없지요. 일일이 '왜?' 하고 이유를 묻지 않도록 하세요.

× 몇 번을 말해야 알아들어?
× 너 전에도 그랬잖아! 늘 이 모양이라니까!
× 그래, 오늘은 잘 했네(빈정거림).

마찬가지로 아이의 '지난 잘못'을 일일이 파헤치지 마세요. 지금

저지른 일만 그때그때 야단치세요.

아이에게는 '지금'밖에 없습니다. 예전의 일을 들먹이는 것은 무의미합니다.

× 어차피 또 그럴 거면서!(성악설)

이런 말 또한 아이를 오도 가도 못하게 하고, 아이에게 불신감만 키워 줍니다. 아이는, 부모가 자신을 믿지 않는다고 생각하기 때문에 더이상 말하고 싶어하지 않을 것입니다.

있지도 않은 사람에게 고자질을 한다

× 너 나중에 아빠한테 말해서 혼날 줄 알아!
× 선생님한테 전화한다!
× 알림장에 적을 거야!

그 자리에 있지도 않은 사람에게 나중에 또 혼이 나는 것만큼 억울한 일은 없습니다. 아이도 '아빠는 보지도 않았으면서!' 하고 마음속으로 외치죠. 아버지나 선생님에게 알릴 때는 아이가 보지 않는 곳에서 해야 합니다.

유치원에 데려다줄 때 선생님에게 "얘가 어제 이런 짓을 했지 뭐예요?" 하고 아이 앞에서 무심코 말하는 엄마가 있습니다. 순간 아이의 자존심과 긍지는 땅에 떨어집니다. 아이 앞에서 남에게 부정적인 말을 하는 것은 절대 삼가야 합니다.

타인의 권위를 빌려 위협한다

×전철 안 타면 유치원에 지각해서 선생님한테 혼나!
×조용히 해! 저기 저 아저씨가 이놈 한다!

예나 지금이나 "○○한테 혼난다"는 엄마들의 대사는 변하지 않는 모양입니다. 아무리 타일러도 말을 듣지 않는 아이에게 으름장을 놓거나, 떼쓰는 아이를 달래기 위해 타인의 권위에 기대는 것은 언제나 효과 만점인 방법이기 때문입니다.

그렇다고 해서 아이를 가르치는 선생님은 물론이거니와 생판 모르는 사람을 아이를 협박하는 방편으로 활용하는 것은, 실례되는 행동일 뿐만 아니라 바람직하지 못한 훈육 방법입니다. "전철에서 떠들면 공중도덕에 어긋나요. 그런 것도 못 지키는 사람은 다음부터 전철 타지 말고 걸어서 가야 해" 하고 타이르면 그만입니다.

물론 엄마의 이런 합리적인 이유는 제동이 걸리지 않는 아이 앞에서 무력해질 수 있습니다. 하지만 그렇다고 타인의 권위를 빌려 아이를 위협하는 것은 소중한 내 아이의 부모 역할을 포기하는 것과 다름없습니다. 그럴 때마다 엄마의 권위도 점점 떨어집니다.

꾸중을 할 때는 엄마 자신의 의사로 꾸짖어야 합니다. 또 아이가 아무리 떼를 써도 '절대 안 된다'는 원칙하에 물러서지 않는 자세를 보여 줄 필요가 있습니다. 이런 과정을 통해 아이에게 무작정 떼쓰는 것으로는 아무것도 얻을 수 없지만, 엄마의 원칙에 따라 욕구를 조절했을 때는 사랑과 칭찬이라는 달콤한 강화물이 있음을 알려 준다면, 떼를 쓰는 아이를 설득만으로도 다스릴 수 있기 때문입니다.

인내심을 가지고 반복해서 끝까지 차근차근 타이르면 '해도 좋은 일'과 '하지 말아야 할 일'을 구별하는 순간이 꼭 올 것입니다.

아이의 감정을 부정한다

×그 정도 일로 울면 못 써!
×안 무서워, 안 무서워!
×그네 좀 안 태워 준다고 울어? 이 징징아!
×화내면 못써!
×안 아파요, 안 아파!

이럴 때는 "울고 싶을 때는 울어도 돼", "저런, 무서웠구나", "그네를 못 타서 속상했구나", "화가 많이 났구나", "많이 아팠구나" 하고 말해 줍시다. 아이의 감정을 부정해서는 안 됩니다. 무엇보다 아이의 마음을 헤아려줘야 합니다.

사람의 감정은 마음대로 되지 않습니다. 감기에 걸려 몸이 불편하면 환절기에 기온 차가 심해서, 혹은 회사 에어컨 바람이 너무 세서 등 몸 관리를 제대로 못 한 일은 제쳐놓고 다른 핑계를 가져다 댑니다. 그런데 마음이 감기에 걸리면 내 잘못이다, 내 의지가 약해서 그렇다며 자책하는 사람이 많습니다. 마음은 자기 뜻대로 움직여주지 않는다는 것을 기억하세요.

아토피의 고통을 겪어 본 적이 있나요? 모기에 물렸을 때의 가려움과는 차원이 다른, 몸속에서 따끔따끔 올라오는 가려움은 무척 견디기 힘듭니다. 특히 피부가 연약한 아이들은 더욱 그렇습니다.

그런데도 "긁으면 못써, 그럼 더 나빠진단 말이야!", "가렵지 않다고 생각해!" 하고 꾸중만 들으면 기분이 어떨까요? "많이 가렵지" 하고 마음을 헤아려주면 아이의 마음은 한결 편해질 것입니다.

아이의 거친 행동을
활달하고 씩씩한 것으로 착각한다

슈퍼마켓에 가면 진열대의 빵이나 과자를 마구 주무르고, 친구에게 발길질을 하거나 물어뜯으며, 수업 내용을 따라가지 못해서 연신 두리번거리고 주위가 산만한 아이. "아이가 참 활달하네요." 빈정거리는 주변의 말을 곧이곧대로 받아들여 '우리 애는 참 활달하고 씩씩하다니까!' 하는 착각에 빠지는 부모가 있습니다.

부모로서 아이를 올바로 훈육하지 못하고 유아기에 꼭 익혀야 하는 읽기와 쓰기, 셈하기도 가르치지 못한 것은 생각지 못하고, 무엇이든 좋은 쪽으로만 받아들이는 낙천주의자입니다. 긍정적인 사고도 좋지만, 조금은 냉정하게 볼 줄 알아야 합니다.

초등학교 입학 후 수업 내용을 못 알아들으면 40분 내내 앉아 있기란 거의 불가능합니다. 이따금 아는 문제가 나올라치면 친구들의 말도 가로막고 "저요! 저요! 저요!" 하고 큰 소리로 외쳐서 수업 분위기를 망치기 일쑤입니다.

책상 위로 몸을 비죽 내밀고 어떻게든 관심을 끌기 위해 온갖 방법을 동원합니다. 그러는 한편 선생님의 이야기에 흥미를 잃으면 교실에서 도망치기도 합니다.

게임과 인터넷에 빠져 운동량이 부족하다 보니 뇌에 산소가 충분히 공급되지 않아 오전부터 하품만 합니다. 이런 아이가 어떻게 '활달하고 씩씩할' 수 있을까요?

공격적인 행동, 거친 성격을 '활달하고 씩씩한' 것으로 착각해서는 안 됩니다.

아이의 의사와 떼쓰기를 혼동한다

아이의 의사를 존중한다고 무조건 오냐오냐하며 무엇이든 들어주는 부모가 제법 많습니다. 이는 그저 아이의 떼를 받아 주는 나약한 부모일 뿐입니다.

보습학원에 보내거나 예체능 교습을 받는 일은 인생 경험이 더 많은 부모가 결정해야 합니다. 책도 읽어주지 않고 음악도 변변히 들려주지 않는 환경에서 아이를 키우며 "우리 애는 관심이 없는 것 같아서 피아노를 배우기에는 아직 일러요"라며 아무것도 가르치지 않는 부모도 간혹 있습니다. 이런 부모 밑에서는 아이가 관심을 가질 기회를 영영 잃고 맙니다.

예체능 교습을 받으려면, 우선 견학이나 체험 수업을 하게 됩니다. 그런데 아이가 전날 밤늦게까지 게임을 하느라 잠을 설쳤다면 어떨까요? 마침 배도 고파서 기분까지 안 좋다면요? 아마 "나 집에

갈래~!"하고 울며 떼를 쓸지도 모릅니다.

전날 잠을 설쳐 상태가 나쁜 아이를 억지로 데리고 온 자신의 책임은 뒤로하고, 고작 견학 한 번 만에 '적성에 안 맞는다'며 교습을 포기하면 어떻게 될까요? 아이는 자기 말이면 부모가 무엇이든 들어준다고 착각하게 될 것입니다.

한편 체험 수업을 받고 아이가 관심을 보여 등록했다고 합시다. 그런데 반년도 안 되어 초심을 잃고 가기 싫다며 떼를 씁니다. 이에 민감하게 반응하여 "아이가 요즘 다니기 싫어해서 그만둬야겠어요", "아이 친구가 다른 학원으로 옮겨서 우리 아이도 그만두려고 해요" 하는 핑계를 대며 이 학원 저 학원을 오가는 엄마는 또 어떤가요?

힘들게 번 돈을 학원 등록비며 교재비, 수강료에 쏟아부었다가 아이의 말 한마디에 모든 것을 물거품으로 만드는 엄마. 일본 속담에 "돌 위에도 3년"이라는 말이 있습니다. 아무리 딱딱하고 차가운 돌도 3년을 앉아 있으면 따뜻해진다는 뜻으로, 어떤 일이든 성과를 거두려면 3년은 배워야 한다는 말입니다.

아이가 언제나 의욕이 샘솟고 매번 즐겁게 다닌다는 보장은 없습니다. 몸 상태가 안 좋거나, 유치원에서 돌아와 친구와 놀고 싶다거나 하는 사소한 이유로 엄마에게 '오늘은 가기 싫다'고 할 수 있지요. 그때마다 쉬거나 그만두게 하면 아이는 아무것도 배울 수 없습니다.

수영이든 피아노든 무엇이든 그렇습니다. 단조로운 기초 훈련을 지루해하는 시기가 있지만, 오랫동안 반복 연습하다 보면 어느새 수영을 하고 피아노를 칠 수 있게 되죠. 유아기에 2, 3년 배워서 익힐 수 있는 것이 아닙니다. 아이의 말이나 행동에 일일이 끌려다녀서는 안 됩니다.

아이가 다소 의욕이 없어 보여도 '다니다 보면 그럴 수도 있지!' 하고 엄마가 긴 안목으로 바라봐야 합니다. 요리가 취미인 엄마도 매번 즐겁게 요리하는 것은 아닙니다. 때로는 피곤해서 인스턴트 식품으로 끼니를 대신하고 싶은 날도 있죠. 더욱이 아이는 어른보다 더 건강 상태나 기분에 크게 좌우됩니다.

만약 선생님의 수업이 정말 지루하거나 지도력에 문제가 있어서 아이가 그만두고 싶어해도 그 분야 자체를 포기할 필요는 없습니다. 좋은 교육을 받을 기회를 그런 이유로 단념해서는 안 되니까요.

"여기서 계속 배우고 싶으니 다른 선생님으로 바꿔 주세요" 하고 당당히 말하세요. 극성엄마라는 말을 듣더라도 아이를 위해서 그 정도 적극성은 띠어야 합니다.

051
아이의 요구를 100퍼센트 받아 준다

한 집안의 재무담당자이자 구매결정권자는 엄마입니다. 그런 점을 잘 알고 있는 대형 마트나 슈퍼에서는 엄마들이 좋아하는 사은품을 준비하죠. 그런데 때로는 아이의 마음을 끄는 장난감을 사은품으로 제공하는 곳도 있습니다. 아이는 분명 그 물건이 갖고 싶어 사달라고 조를 것입니다. 하지만 그 요구를 그대로 받아 주면 안 됩니다.

부모가 아이의 요구를 100퍼센트 받아 주는 모습을 보여서는 안 됩니다. 아이의 요구를 받아들이되 모두 들어주지는 않는 전략이 필요합니다. 예를 들면, 아이가 피자를 먹고 싶어할 때 어느 가게에서 먹을지는 엄마가 결정하는 식으로 말이죠.

어느 날 친한 엄마들과 아이들이 함께 점심을 먹으러 갔습니다. 한 아이가 "그라탱이 좋을까? 미트소스 스파게티가 좋을까? 아니면 어린이 정식으로 할까?" 하며 망설이는 중이었습니다. 다른 일행들은 모두 결정했는데 그 아이 혼자 꾸물거리고 있었죠.

조바심이 난 아이 엄마가 "다른 사람들은 다 정했잖아" 하며 빨리 결정하라는 신호를 에둘러 보냅니다. 그래서 '그러면 이걸로 하자' 하고 정하는가 싶었더니 "어제 집에서 햄버거 먹었잖아? 어린이 세트에는 햄버거가 나오니까 다른 걸로 하자. 또 뭐가 있을까" 하며 끝없이 설명을 늘어놓습니다.

일행은 배가 고파 슬슬 지쳐 갑니다. 입구에는 자리가 나기를 기다리는 사람들이 줄을 서 있습니다. 겉보기에는 아이의 의사를 존중하는 듯하지만, 주변에 끼치는 폐가 이만저만이 아닙니다.

초등학교에 들어가면 집단에 맞춰 행동할 줄 알아야 합니다. 이대로 자라면 골칫덩어리가 되기 십상입니다.

아이와 친구처럼 지낸다

아이와 커플룩을 입고 친구처럼 지내고 싶다는 꿈을 가진 엄마도 있습니다. 꿈을 갖는 것은 좋지만 아이가 엄마에게 반말을 하고, 심지어 이름까지 불러대는 것은 문제죠. 아이에게 어른으로서의 권위를 세우지 않으면 부모가 아니라 친구일 뿐입니다.

엄마는 언제나 아이 위에 서야 합니다. 아빠는 말할 것도 없습니다. 부모는 가정에서 늘 리더의 위치를 지켜야 합니다. 아이와 친구 같은 사이가 되고 싶다고 엄마의 이름을 부르도록 허락하면 손윗사람에 대한 존경심이 생기지 않습니다.

그 상태로 초등학교에 들어가면 아이는 애초부터 선생님을 존경하는 마음을 가질 수 없습니다. 또 친구 같은 엄마는 아이가 잘못을 했을 때 엄하게 꾸짖거나 복도에서 벌을 세우는 선생님을 결코 받아들이지 못합니다.

선생님도 학급에서는 야생동물 무리의 우두머리 같은 존재여야 합니다. 질서 있는 가족관계에서 자란 아이는 선생님을 공경할 줄 압니다. 아이에게 선생님은 남자도 여자도 아닌 '스승'으로서 절대적인 존재여야 합니다. 그러므로 선생님에게도 가족이 있다거나, 심지어 선생님도 화장실에 간다거나 하는 생각을 못하죠. 유치원 아이들은 선생님이 유치원이나 학교에 산다고 생각하기도 합니다.

그만큼 아이들에게 선생님은 권위 있는 존재입니다. 그 권위가 있기에 학급의 담임을 맡아 아이들을 지도할 수 있지요.

아이들 앞에 서는 교사로서 저는 선생님에 대한 말씨만큼은 확실하게 가르칩니다. 학생이 "아줌마!" 하고 부르면 "방금 뭐라고 했지?" 하며 무서운 얼굴로 노려보죠. 아이는 아차, 하는 얼굴로 사과합니다.

가정에서도 어린 시절부터 부모와 자식 간의 위계를 확실히 해야 합니다.

"아까는 엄마가 너무 심했다"며
했던 말을 취소한다

엄한 꾸짖음이 마음에 와 닿았을 때 아이의 반응은 대개 이렇습니다. 즉 눈에 눈물이 그렁그렁 고이거나, 얼굴이 굳어지거나, 혹은 긴장해서 몸이 뻣뻣해지기도 합니다.

아이의 이런 변화를 보면 '아차, 내가 너무 심했구나' 하고 속을 태우는 부모가 있습니다. 그리고 "아까는 엄마가 너무 심했지? 미안해" 하고 아이 앞에서 자기 말을 취소해 버립니다. 이는 최악의 방법입니다. 부모가 한번 뱉은 말을 취소하면, 아이는 '그럼 처음부터 그렇게 화내지 말지!' 하는 억울함과 분노를 느끼게 됩니다. 그와 동시에 부모의 권위는 추락합니다.

아이가 바짝 긴장해서 얼굴이 새파래지면 '내 꾸중이 마음에 닿았구나' 하고 기뻐하세요. 그리고 담담하게 낮은 목소리로 "알아들었지? 이제 다시는 그런 짓 하면 못써" 하고 말하면 됩니다.

054
당근전법을 남발한다

정리정돈하기, 이 닦기, 밥투정하지 않기, 숙제나 준비물 챙기기 등 엄마가 아이에게 시켜야 할 일은 끝이 없습니다. 어차피 해야 할 일이라면 엄마 말이 떨어지는 순간 "네" 하고 예쁘게 대답하면 좋으련만, 아이는 듣는 둥 마는 둥 엄마의 말을 쉬 따르지 않습니다.

이럴 때 절대적인 효과를 발휘하는 방법이 이른바 '당근전법'입니다. "깨끗하게 이 닦고 나면 재미있는 만화책 읽게 해줄게"부터 "숙제 다 하면 게임하고 놀아도 괜찮아", "얌전히 앉아 있으면 끝나고 맛있는 과자 사줄게"까지 엄마가 내미는 당근은 아이를 끌어들이며 신비한 힘을 발휘합니다.

그런데 당근전법을 되풀이해서 사용하는 동안 아이는 성장하고, 성장과 더불어 보상의 효과가 점점 줄어듭니다. 처음에는 몇백 원짜리 과자 한 봉지로 말을 곧잘 듣던 아이가, 좀더 자라면 비싼 게임기가 아니면 꼼짝도 하지 않는 경우가 있습니다.

　시큰둥해진 아이의 의욕에 불을 붙일 수 있다면 어느 정도의 부담은 감수하겠다는 생각이 들 수 있습니다. 하지만 조금만 더 생각해 보세요. 몇백 원짜리 과자가 몇만 원짜리 게임기로 바뀌는 정도라면 맞춰 줄 수 있지만, 아이가 자라서 자가용이나 집처럼 끊임없이 더 큰 것을 바란다면 어떻게 해야 할까요?

　아이가 어느 정도 자라면 보상의 크기를 키워 동기를 부여하지 말고, 그 일을 왜 해야 하는지 아이가 이해할 수 있도록 차근차근 설명할 필요가 있습니다. 당근전법의 궁극적 목표는 과자나 장난감 같은 보상이 없어도 스스로 의욕과 보람을 끌어내어 행동으로 옮기는 아이로 이끌어주는 데 있으니까요.

055

아이의 거래에 쉽게 넘어간다

여느 아침입니다. 유치원에 가기 전에 약간의 짬이 나자 아이는 장난감 자동차를 꺼내 가지고 놉니다. 이윽고 집을 나설 시각이 되었지만 장난감을 놓으려고 하지 않습니다.

아 이   이거 유치원에 가져갈래!
엄 마   안 돼.
아 이   자동차 못 가져가게 하면 유치원 안 가.
엄 마   유치원에 장난감 가져가면 못써.
아 이   자동차 못 가져가면 유치원 안 가!
엄 마   그럼 오늘 딱 하루만이야.

이렇게 아이는 유치원에 장난감 자동차를 가지고 갔습니다. 하지만 유치원에 장난감을 가져온 아이는 아무도 없습니다. 그것이 유치원의 규정이니까요. 친구들이 아이의 장난감을 탐내어 결국 싸움이 벌어집니다.

그리고 다음날, 한번 재미를 본 아이는 엄마에게 또 같은 요구를 합니다. 엄마가 허락했던 일이니까요. 엄마가 아이의 손바닥 위에서 놀아나고 있습니다.

아이는 '유치원에 안 간다'고 버티면 부모가 난처해서 물러서고 만다는 것을 알고 있습니다. 그러므로 아이의 거래에 절대 응해서는 안 됩니다.

이럴 때는 "그럼 엄마만 유치원 가지 뭐" 하고 그대로 나가 버리세요. 아이가 "으앙~ 엄마 같이 가~" 하며 장난감을 놓고 나올 테니까요.

관심을 끌려는 행동에 쉽게 넘어간다

어느 엄마에게 둘째가 생겼습니다. 네 살배기인 첫째는 그것이 영 못마땅합니다. 엄마가 아기의 기저귀를 갈고 있으면, 첫째가 우유를 흘립니다. 그리고 옷에 오줌을 싸더니 "나 쉬해쪄, 옷 갈아입혀 줘~"하며 졸라댑니다.

첫째의 이런 행동은 계획된 것입니다. 우유를 흘리고 옷에 오줌을 싸서 야단맞아도 좋으니 나를 봐 달라, 나한테만 신경써 달라며 갖은 방법을 짜내어 말썽을 부리는 것입니다.

엄마가 "그러면 못써!", "얘가 대체 왜 이래!" 하고 번번이 야단치거나 기저귀 가는 손을 멈추고 부랴부랴 첫째를 돌보면, 아이는 '엄마는 내가 말썽부리면 오네? 나한테 관심을 가져 주네?' 하고 기뻐하며 계속 우유를 흘리고 팬티를 적시게 됩니다.

반면 첫째에게 가장 힘들고 싫은 상황은 무엇일까요? 그것은 엄마가 관심을 보이지 않는 것입니다.

그러므로 첫째가 우유를 흘려도 아이에게 집중해서는 안 됩니다. "애도 참…"하며 기가 차다는 얼굴로 무심히 흘리는 것입니다.

그러는 한편 동생의 기저귀를 갖다달라고 해보세요. 아이가 순순히 가져오면 "엄마가 참 편하네"하고 칭찬해 주세요. 엄마에게 칭찬받고 싶은 마음에 아이의 태도는 자연히 개선될 것입니다.

우유를 흘리거나 옷에 오줌을 싸는 부정적인 행동을 꾸짖어서 강화하지 말고, 동생을 위해 기저귀를 가져다주는 바람직한 행동을 칭찬하여 강화해야 합니다.

수업 중에 선생님의 관심을 끌기 위해 의자를 덜컹거리거나 연필을 떨어뜨리는 아이가 있었습니다. 선생님은 그 행동의 원인을 모른 채 연필을 주워 주었죠.

그 아이의 엄마는 직장일로 바빠 매번 수업이 끝나고 한참 후에나 아이를 데리러 왔습니다. 어느 날 다른 아이들이 모두 엄마를 따라 집으로 돌아가고 혼자 남은 그 아이에게 선생님은 수업 뒷정리를 시켰습니다.

"그 카드를 모아 주겠니? 의자를 이쪽으로 옮기렴. 쓰레기를 한쪽에 치우고 걸레로 닦아 줘"하는 식으로 부탁한 후 "와, ○○ 덕분에 정리가 이렇게 빨리 끝났네! 고맙다!"하고 아이에게 감사의 표시를 했습니다. 그러자 아이는 점점 더 신이 나서 일을 했습니다.

선생님은 수업 중의 태도와 수업 후의 태도가 다른 것을 보고, 그제야 아이가 관심을 끌기 위해 딴짓을 했음을 깨달았습니다. 그때까지는 아이의 생각에 놀아났던 거죠.

가정 사정으로 집에서 충분한 관심을 받지 못하고, 다른 엄마들은 모두 오는데도 자기 엄마는 언제 올지 몰라 아이는 늘 외롭고 쓸쓸했습니다. 그래서 수업 중에 선생님이 다른 아이에게 신경을 쓰고 있으면 자신에게 관심을 돌리기 위해 의자를 흔들거나 연필을 떨어뜨리곤 했던 거죠.

그 후로 선생님은 그 아이가 아무리 말썽을 부려도 꾸짖지 않고, 착한 일을 하면 끌어안고 칭찬해 주었습니다. 그러자 수업을 방해하는 행동은 서서히 줄어들었습니다.

'아파', '졸려'라고만 하면 너그럽게 봐 준다

어떤 가정에서 매일 수건을 개어 정리하는 일을 아이에게 맡겼습니다. 그런데 때로는 하기 싫은 날도 있기 마련이죠. 그럴 때 "나 하기 싫어~" 하고 칭얼대도 통하지 않는다는 것을 알고 있었던 아이는 "나 손가락 아픈데~", "졸린데~" 하고 수건 개기 당번에서 벗어나기 위해 이 핑계 저 핑계를 댔습니다.

그럴 때 엄마들은 흔히 "뭐? 어디 아프다고? 그럼 오늘만 엄마가 대신해 줄게" 하며 아이에게 부여한 책임을 덜어 줍니다. 그럴 때는 "아프다고? 그럼 반창고 붙여 줄 테니까 마저 하렴" 하면서 정해진 일과는 반드시 지키도록 해야 합니다.

'귀찮아하더라도 시키는' 과정에서 하기 싫은 일을 끝까지 해내는 참을성이 길러지고, 조금만 어려우면 쉽게 포기하는 나쁜 습성을 막을 수 있습니다.

아이의 말을 모두 곧이곧대로 받아들인다

"오늘 선생님이 가위로 때렸어."

한 아이가 집에 돌아와 이렇게 호소했습니다. 엄마는 새파랗게 질려 "○○유치원에서 아이를 학대하고 있어요" 하고 아동상담센터에 신고했습니다.

하지만 담임선생님은 그 아이가 급식 시간에 책상에 발을 얹고 있어서 발을 살짝 쳤을 뿐이었습니다. 그것을 아이가 '가위로 때렸다'고 표현한 거죠. 그만큼 아이에게는 놀랍고 무서운 일이었을 것입니다.

아이들간의 싸움도 그렇습니다. "태수가 나 물었어! 만날 깨물어! 나 이제 유치원 안 갈 거야!" 하고 하소연하는 아이가 있었습니다. 엄마는 바로 태수의 부모와 유치원에 항의했습니다. 하지만 태수의 팔에도 자기 아이가 문 잇자국이 선명하게 남아 있었습니다.

아이는 아무렇지 않게 거짓말을 합니다. 유치원 아이의 인생 경험은 기껏해야 4년에서 5년이지만 배운 말들을 거침없이 쓰고, 때로는 현실과 상상의 경계가 모호한 생태에서 자신을 비극의 주인공으로 만들어 버립니다.

특히 부모에게 충분한 관심을 받지 못하면 그에 대한 보상을 받고자 사실을 더 과장해서 자로 때렸다느니, 연필로 찔렀다느니, 심하면 칼로 찔렀다거나 줄로 묶었다며 점점 엄청난 망상을 꾸며내기도 합니다.

그러므로 아이의 말을 모두 곧이곧대로 받아들이지 말고, 양쪽 말을 충분히 듣고 사실 관계를 확인한 후에 행동해야 합니다. 흥분해서 충동적으로 나서면 본인과 아이만 부끄러워질 뿐입니다.

너무 어린애 취급을 한다

아이가 여섯 살쯤 되면 "이제 형아니까 이러저러해야지? 안 그러면 이놈 해요"처럼 어린애 취급하는 말은 삼가야 합니다.

제가 첫째를 가르치던 때의 일입니다. 하도 말을 안 들어서 "자꾸 그러면 초등학교에 못 가!" 하고 고함을 지르고 말았죠. 그러자 아이는 "초등학교는 의무교육이니까 여덟 살이 되면 입학할 수 있어! 부모는 아이를 교육시킬 의무가 있고, 아이는 교육을 받을 권리가 있으니까 겁줘도 소용없어!" 하고 반격을 가하더군요.

그러면 이럴 때 어떻게 하면 좋을까요?

예를 들어, 비둘기를 쫓아다니지 못하게 하고 싶을 때는 "비둘기가 가엾잖아"가 아니라 "비둘기가 푸드덕 날아오르면 빈대랑 벼룩이 사방에 흩어져서 천식이 있는 사람은 발작을 일으킨단 말이야" 하고 주의를 주세요. 아이도 어른다운 대접을 받았다는 생각에 부모의 말을 귀담아 듣습니다.

마찬가지로 아이가 "아기는 어디서 와?" 하고 물을 때 "황새가 물어다 주지"라거나 "다리 밑에서 주워 오지" 하고 어린애 장난하는 듯한 말은 삼가야 합니다.

어차피 초등학교 고학년부터는 인터넷이나 스마트폰, 잡지나 친구들을 통해 성에 대한 정보를 얻게 되므로 열 살 전에는 올바른 성교육을 해둬야 합니다. 그렇게 확실한 바탕이 만들어지면, 나중에 자극적인 정보가 들어올 때도 지나치게 빠져들지 않고 걸러서 받아들일 수 있습니다.

아이가 성장하면 엄마도 아기 취급하는 태도에서 졸업해야 합니다. 어엿한 인격을 가진 한 인간으로 대우받으면 아이도 진지하게 부모의 말을 듣습니다.

지나치게 칭찬한다

"좋은 것은 아무리 많아도 지나침이 없다"는 말은 분명 칭찬에는 적용되지 않는 것입니다. 그렇다고 칭찬에 인색하게 굴라는 말이 아니라, 아이의 성취 정도에 맞춰 칭찬을 하라는 뜻입니다.

칭찬을 지혜롭게 이용한다면, 그것은 아이를 위한 가장 강력한 동기 부여 방법의 하나가 될 것입니다. 하지만 아이가 성취하는 모든 사소한 일에 대해 칭찬을 너무 많이 하게 되면 한 귀로 듣고 한 귀로 흘리게 됩니다. 입으로만 하는 칭찬은 더는 아이의 마음을 움직이지 못합니다. 게다가 아이가 혹여 부모를 실망시키지나 않을까 겁을 먹게 될 수도 있습니다.

제가 지도하는 유아 교실에도 칭찬 스티커가 있습니다. 하지만 출석 도장을 찍어 주듯 사무적으로 붙여 주는 스티커와 "오늘도 참 열심히 공부했구나" 하며 나눠 주는 스티커는 아이에게 하늘과 땅

차이의 가치가 있습니다.

또 친구에게 욕을 하거나 선생님에게 침을 뱉는 등 해서는 안 되는 행동을 했을 때는 스티커를 주지 않습니다. 아무리 교실에 얌전히 앉아 있었다 해도 그런 행동을 하는 아이에게 칭찬 스티커를 준다는 것은 말이 안 되니까요.

올림픽 금메달도 그렇습니다. 돈만 있으면 금은 얼마든지 살 수 있고 자기만의 금메달을 만들 수도 있지요. 그럼에도 올림픽 금메달은 왜 그렇게 값질까요? 그것은 노력으로 얻은 결과물이기 때문입니다. 같은 금메달이라도 어떻게 얻은 것이냐에 따라 가치는 전혀 다릅니다.

따라서 지혜로운 부모라면, 첫째 성공적 결과보다 힘겨운 노력의 과정을 칭찬해야 합니다. 노력에 비해 결과가 좋지 않을 수도 있고, 큰 노력 없이 결과가 좋을 수도 있습니다. 노력하는 모습을 보일 때 그 과정을 칭찬해 주면 아이는 진심으로 받아들이고 더 잘하려는 마음을 갖습니다.

둘째, 할 수 있다면 되도록 구체적으로 칭찬해야 합니다. 아이들은 구체적으로 짚어서 칭찬하지 않으면 자신이 무엇을 잘하고 있는지, 왜 칭찬을 받는 것인지 납득하지 못합니다.

셋째, 친구나 형제 등 다른 아이와 비교해서는 안 됩니다. 다른 아이와 비교하는 식의 칭찬은, 상대에 대한 우월감과 자만심을 유발하기 때문에 교육적으로 바람직하지 않습니다.

넷째, 일관되게 칭찬해야 합니다. 부모가 서로 상의 없이 마구잡이로 해주는 칭찬은 아이를 혼란스럽게 할 뿐입니다. 엄마는 혼내는 일을 아버지가 칭찬한다면, 아이는 자기에게 잘해 주는 쪽을 따르게 됩니다.

다섯째, 올바른 행동에 대해서도 꼭 칭찬해야 합니다. 부모들은 대체로 하지 말라고 한 일을 아이가 잘 지켰을 때는 당연한 듯 무관심하게 지나가는 경우가 흔하죠. 하지만 이런 때일수록 더욱 칭찬이 필요합니다.

아이가 칭찬 받을 만한 일을 했다면 상을 주는 것도 좋습니다. 다만, 부모의 기분에 따라 넘치는 상을 주는 게 아니라 아이의 수준에 맞는 상을 줘야 합니다. 만일 장난감을 사 줬다면, 아이와 함께 노는 게 더 중요한 것입니다.

무엇보다 따뜻한 스킨십과 가치 있는 질문, 항상 지켜보고 지지해주고 있다는 믿음을 아이에게 보여 주는 것이 최고의 칭찬 중 하나일 것입니다.

061
질문을 귀찮아한다

소아과 대기실에서 아이가 《짱구는 못 말려》를 읽고 있었습니다. 아이가 "엄마 엄마, 여기 짱구 엄마가 왜 짱구 과자를 감췄어?" 하고 물었습니다. 깜빡 졸다가 눈을 뜬 엄마는 짜증스럽게 "내가 짱구 엄마니? 그런 걸 어떻게 알아!" 하고 고함을 치더군요.

아이는 사사건건 '왜?', '어째서?' 하고 묻습니다. 그럴 때 대답을 피하거나 귀찮아하지 마세요. 시간이 지난 후에 "아까 뭘 물어보려고 했니?" 하고 되물어 봤자, 아이는 그 일을 까맣게 잊었거나 더는 답을 필요로 하지 않을 것입니다. 궁금한 순간은 지나갔으니까요.

질문을 계속 거부당하면 아이는 '엄마한테 물어봤자 가르쳐주지 않는다'는 것을 학습하므로 점점 아무것도 묻지 않게 됩니다. 뒤늦게 탐구심이 없는 아이라고 한탄해도 소용없는 일입니다. 그런 아이로 만든 것은 엄마니까요.

잘 모르는 것을 아는 척 가르친다

"개구리 아기는 왜 개구리 모양이 아니야? 왜 개구리 아기는 올챙이야?" 하고 아이가 물을 때 "엄마 개구리 뱃속에 올챙이 씨가 있어서 그래" 하는 식으로 얼렁뚱땅 대답하면 안 됩니다.

정확한 지식 없이 대충 대답하면, 아이는 그것을 곧이곧대로 받아들입니다. 모르는 것은 백과사전이나 인터넷 검색을 해보세요. 아이도 함께 찾아보고 조사하는 자세를 배워 엄마보다 훨씬 많은 지식을 익힐 수 있습니다.

얕은 지식으로 아이에게 거짓말을 해서는 안 됩니다.

어른의 이야기에 끼어들어도 그냥 둔다

엄마가 다른 어른과 이야기하다 보면 아이가 끼어들려고 할 때가 있습니다. 그때 대화를 중단하고 아이의 말을 받아줘서는 안 됩니다.

아이가 끼어들도록 허락하면 '어른이 이야기할 때 끼어들어도 된다'는 것을 학습하고 맙니다. "지금 다른 사람하고 이야기하는 중이니까 기다려야지" 하고 주의를 줘야 합니다(하지만 엄마도 아이를 마냥 기다리게 할 게 아니라, 적당한 선에서 말을 끊고 아이의 말을 들어주는 것이 좋겠죠).

이런 행동을 허용하면 학교에 들어가서도 담임선생님이 반 전체에 이야기하는 도중에 "선생님, 저기요…" 하고 끼어들거나, 다른 아이를 지목하는데도 자기가 나서서 대답하는 등 무례한 행동을 서슴없이 하게 됩니다.

선생님이나 친구들이 말할 때 중간에 끼어들어 말을 자르는 것은 좋지 않은 습관입니다. 조금 지루해도 끝까지 들어야 합니다. 또 귀를 활짝 열어야 질문의 요점을 잘 파악하고 정확한 대답을 할 수 있습니다.

  말하는 것보다 듣는 것을 잘해야 학습 효과도 높아지고, 친구 관계도 좋아집니다. 사람들은 자기 말을 진지하게 잘 들어주는 사람을 좋아하고 믿고 따르니까요.

어린아이가 전화를 받게 한다

저는 유아교실 교사라는 직책상 보호자에게 용건이 있을 때는 집에 직접 전화를 하기도 합니다. 그럴 때 간혹 세 살 남짓한 어린 동생이 전화를 받고 "아부~ 맘마~" 하며 영문 모를 소리를 종알거리는 집이 있습니다. 이런 집은 전화를 받을 줄도 모르는 어린아이가 장난감처럼 전화를 함부로 만지도록 놔두는 훈육이 안 된 가정입니다.

수화기 너머에서 "전화 왔어? 누구니?" 하고 설거지하는 소리에 섞여 아이 엄마의 목소리가 들리더니, 한참 후에야 "네, 누구시죠?" 하는 응답이 돌아옵니다.

세 살배기 목소리를 들으려고 전화하는 사람은 할아버지나 할머니밖에 없습니다. 부모는 '아이가 하는 짓이 귀여워서 상대도 이해하겠지' 하고 생각할지 몰라도, 알지도 못하는 아기 목소리를 들으며 마냥 귀엽게 여길 사람은 많지 않습니다. 오히려 얼른 엄마나 바꾸라며 짜증스러워하겠지요.

여섯 살 아이라도 그렇습니다. "여보세요, ○○네 집입니다. 실례지만 누구신가요? 엄마 바꿔 드릴게요" 하고 응답할 줄 모른다면 전화를 받게 해서는 안 됩니다.

혹은 남자 중고등학생이나 남편이 "뭐야! 누구야!" 하며 퉁명스럽게 전화를 받을 때도 있습니다. 누군지 알고 첫마디부터 그런 대접을 하는지, 그렇게 전화받기 싫으면 차라리 자동응답기를 틀어놓으라고 충고하고 싶어집니다. 아이에게도 나쁜 본보기가 되니까요.

전화는 사회와의 접점입니다. 아이뿐만 아니라 가족 모두 올바른 전화 예절을 갖추도록 해야 합니다.

자세가 나빠도 그냥 둔다

　자세가 아주 나쁜 아이가 있었습니다. 허리를 펴고 바르게 앉으라고 주의를 주면 1분 정도는 똑바로 앉는 듯하다가 이내 연체동물처럼 흐느적거리며 책상에 엎드리고 맙니다. 팔꿈치를 괴기도 하고, 한쪽 다리를 세우기도 하며, 다리를 꼬기도 하고, 의자에서 미끄러지기도 하며, 의자 위에 꿇어앉는 바람에 앉은키가 껑충하니 커지기도 하고, 고양이처럼 잔등을 잔뜩 구부린 채 글씨를 쓰기도 합니다.

　허리가 펴지면 마음이 차분해집니다. 고베대학의 모리 노부조 교수는 허리를 똑바로 펴게 하는 교육이 필요하다고 말합니다. 아이의 허리를 지속적으로 펴게 하면 아이의 마음이 곧아지고 의식이 맑아진다고 합니다.

　실제로 허리를 곧게 펴면 학습 태도가 달라지는 것을 봅니다. 선생님의 말을 귀담아들으려 하고, 차분히 앉아 있을 수 있는 주의력·집중력이 생겨 성적도 올라갑니다.

반면 허리가 굽어 있으면 어깨나 등에 무리하게 힘이 들어가고 척추가 휘게 되며 시력이 떨어지는 등 건강에 나쁜 영향을 끼칩니다. 또 연필 쥐는 모양새가 나빠지고, 주의력·집중력이 저하되어 성적도 떨어집니다.

학교에 들어가기 전에 아이에게 세수하는 법이나 젓가락 잡는 법처럼 바르게 앉는 법을 지도하는 일이 필요합니다. 초등학생이 되어도 바르게 앉을 줄 모르는 아이는 1교시 40분의 수업 시간을 견뎌내지 못합니다.

다음 순서에 따라 아이의 앉는 자세를 바로잡아 보세요.

1 소파나 벽 같은 곳에 등을 기대게 하고, 바닥에 책상다리를 하고 앉게 합니다.
2 등과 허리를 등받이에 밀착시킨 후 허리가 곧게 펴졌는지 확인합니다.
3 뒤에서 아이의 양어깨를 좌우로 흔들흔들 흔듭니다. 이때 몸의 힘을 빼게 합니다.
4 양어깨를 그대로 위로 쑥 들어올렸다가 툭 떨어뜨립니다.
5 상반신이 하반신 위에 척 올라앉아 있는 듯한 느낌을 맛보게

합니다.

위 동작을 할 때 근육이나 힘을 사용하면 안 됩니다. 아이의 몸 어디에도 힘이 들어가지 않는 편안한 자세를 취하게 해야 합니다. 중력에 따라 자연스럽게 지구 중심을 향해 툭 하고 똑바로 떨어지는 느낌으로 자세를 유지해야 합니다. 위 동작을 몇 번 시도해 본 후 아이가 편하게 앉아 있는지 확인하세요.

아는 사람을 만나도 모르는 척 지나친다

유아교실 교사로 유치원에 드나들다 보면 종종 느끼는 일이 있습니다. 제 담임 반 원아의 부모는 저를 보면 당연히 "안녕하세요" 하고 인사합니다. 하지만 다른 반 원아의 부모 중에는 자기 아이 반이 아니라는 이유로 서로 얼굴을 알면서도 모르는 척 외면하는 사람이 있습니다.

길에서 마주치는 사람마다 일일이 "안녕하세요" 하고 인사해도 이상한 사람으로 보일 것입니다. 하지만 같은 동네 주민이라면 평소 왕래가 없더라도 길에서 가벼운 인사 정도는 하는 것이 예의겠지요.

아는 사람을 만나도 모르는 척 지나치는 부모의 뒷모습을 아이는 똑똑히 보고 학습합니다. 그리고 인사할 줄 모르는 어른으로 자랍니다.

요즘은 어른을 공경하는 마음도 약해지고 인사를 하지 않는 아이들도 많은 것이 사실입니다. 인사를 안하는 아이는 예의 없는 아이로 비치기도 하지만, 내성적인 성격을 가질 가능성이 높다는 것이 더 문제입니다. 대인관계의 시작인 인사를 하기 싫어한다면 대인관계 자체를 힘들어할 가능성이 높기 때문입니다.

아이가 인사를 잘 하지 않을 경우, 아이를 끌어다 손으로 머리를 누르며 억지로 인사를 시키기도 합니다. 하지만 이러면 아이의 거부감만 더 커지므로 기분 좋은 훈련 방법을 택해야 합니다.

무엇보다 가정에서 "안녕하세요", "고맙습니다", "미안합니다"라는 말들을 생활화하는 것이 좋습니다. 집에서 인사 잘하는 아이가 밖에서도 인사 잘하기 마련입니다. 아버지가 출근하거나 퇴근할 때도 인사를 하는 습관을 들여야 합니다.

부모도 아이를 만나면 웃으면서 인사하세요. "○○야, 잘 다녀왔니?", "늦어서 미안해" 하고 인사를 건넵니다. 이웃 사람을 만났을 때도 부모가 먼저 웃으며 "안녕하세요" 하고 인사를 합니다.

밝고 명랑하게 인사를 잘하는 아이는 대체로 교우관계도 좋습니다. 따라서 아이에게는 인사하는 것이 당연한 습관이 되도록 해야 합니다.

미적미적 밥을 먹어도 그냥 둔다

 아이가 밥을 먹다 말고 장난감을 찾아나서는가 하면, 엄마가 숟가락을 들고 아이 뒤를 따라다니며 먹이느라 한 끼를 먹는 데 한 시간이 넘어가는 가정이 있습니다. 이런 가정의 아이는 급식 시간에 문제를 일으킵니다.

 초등학교 급식 시간은 40분으로 제한되어 있고, 때로는 싫어하는 음식이 나올 수도 있습니다. 밥을 입에 넣고 한참을 물고 있다가, 먹기 싫은 반찬이 있다고 투덜거리다가, 혹은 급식 시간을 노는 시간으로 착각해 친구들과 놀다가 밥을 제시간에 먹지 못하면 어떻게 될까요? 그러다 시간을 넘겨 식판을 앞에 두고 앉아 있게 되면 곤란합니다.

 식사를 시작하면 끝까지 밥상 앞에 앉아서 제시간에 다 먹을 수 있도록 지도해야 합니다. 가족과 속도를 맞춰 가며 먹는 연습을 시켜

주세요. 식사가 끝나면 자기가 먹은 밥그릇과 국그릇, 수저를 씽크대에 스스로 갖다 놓는 습관도 길러 주세요. 그러면 학교에서도 식판을 제대로 놓을 수 있고 자랑스러운 마음을 갖게 될 것입니다.

우선 식사 시작 전에 주변의 장난감을 치워 놓고 텔레비전이나 비디오도 끕니다. 만약 아이가 돌아다니면 바로 자리에 앉게 합니다. 아이에게 이런저런 말할 필요 없이 "밥 먹을 때는 돌아다니는 게 아니야"라고만 말합니다. 또 일어서려고 하면 아이의 팔을 끌어당겨서 제자리에 앉힙니다. 그리고 "엄마처럼 앉아서 먹는 거야"라고 다시 한 번 말해 줍니다.

식사한 지 30~40분이 지나면 식사가 끝났다는 것을 아이에게 알리고 식탁을 치워 버립니다. 음식을 남겼다고 벌을 줄 필요도 없고, 다음 식사 시간까지는 아무리 배고픔을 호소해도 사탕 한 알 줘서는 안 됩니다.

한 끼 정도 거른다고 큰일나지 않습니다. 밥을 먹다 자리를 뜨면 배가 고프다는 사실을 몸으로 알게 해야 합니다. 초등학교에서는 간식을 주지 않으니까요.

도시락에 좋아하는 반찬만 넣어 준다

도시락에 아이가 좋아하는 달걀말이나 햄만 넣어 주는 엄마가 있습니다. 초등학교에 들어가면 급식이 시행되어 싫어하는 음식도 먹어야 하므로, 아이가 좋아하지 않는 음식도 조금 넣어 주세요. 유치원 선생님에게는 "급식 훈련을 위해 아이가 싫어하는 연근을 넣었으니 꼭 먹도록 도와주세요"라고 알림장에 적어 보내면 됩니다.

하지만 너무 어린 아이에게까지 그럴 필요는 없습니다.

모든 일에는 순서가 있습니다. 유치원에 들어가면서 갑자기 엄마와 떨어지는데다 도시락에는 먹기 싫은 표고버섯이며 피망·멸치볶음 같은 것만 들어 있으면 유치원에 가는 것 자체가 싫어지고 맙니다. 유치원에 처음 들어가고 얼마 동안은 좋아하는 반찬만 넣어 주어 남김없이 다 먹는 습관부터 들여야 합니다.

음식을 가려먹지 말라며 억지로 먹인다

저는 우유를 싫어합니다. 초등학교 1학년 때 담임선생님이 매번 우유병 위에서 5센티미터 부분에 빨간 매직펜으로 선을 그어놓고 "여기까지 안 마시면 혼나!" 하고 늘 으름장을 놓았기 때문입니다. 오후 수업이 시작되고도 내 책상에는 미지근한 우유병이 놓여 있곤 했습니다.

먹기 싫어하는 음식을 강제로 먹일 경우 편식 습관이 생기기 쉽습니다. 또 부모가 편식을 하거나 식사 중에 잔소리를 하는 경우, 당분이 많은 음식을 자주 먹는 경우, 텔레비전이나 비디오를 보면서 음식을 먹는 경우, 잠자는 시간이 일정하지 않은 경우, 아이가 잘 먹지 않는다고 따라다니면서 먹이는 경우에도 편식 습관이 생기게 됩니다.

편식을 하는 아이는 또래보다 성장 발달이 느리고 너무 마르거나 반대로 비만이 되기 쉽습니다. 또 다른 아이와의 어울림이나 집단 생활에도 어려움을 느끼게 되므로 유치원이나 초등학교 입학 전에 반드시 고쳐야 합니다.

그렇다고 아이를 조급하게 다그쳐서는 안 됩니다. 우선 부모와 함께 즐거운 마음으로 밥을 먹을 수 있게 해줘야 합니다. 간혹 부모의 식사 시간이 늦거나 불규칙하여 아이 혼자 밥을 먹게 하는 경우가 있는데, 혼자 먹는 밥은 어른도 싫어합니다. 식사 시간이 조금 늦더라도 함께 먹는 것이 더 낫습니다.

그림책이나 비디오 등을 활용하는 방법도 있습니다. 《당근》세나 게이코의 싫어 싫어 시리즈 1편__옮긴이 이라는 책은 "당근은 참 맛이 있어요"라는 말과 함께 돼지나 말이 당근을 맛있게 먹고, 마지막으로 아이가 당근을 먹는 단순한 그림이 그려진 유아 생활 그림책입니다. 아이들에게 이 글을 읽어 주면 당근을 싫어하던 아이도 그림책에 끌려 당근을 먹게 됩니다.

아이와 함께 요리를 해보는 것도 좋은 방법입니다. 장보러 가서 아이가 좋아하는 음식 재료를 사고, 함께 다듬어 물에 씻고 썰어서 요리를 하면, 아이도 직접 만들어 먹는다는 기쁨에 거부감 없이 맛있게 먹을 것입니다.

당근을 잘게 썰어 햄버거나 동그랑땡 안에 섞어 먹이는 수고 따위는 하지 않아도 됩니다. 모양을 바꿔 눈만 속이며 먹이다 보면 원형 그대로의 당근은 끝내 먹으려고 하지 않게 됩니다.

'당근 먹으면 아이스크림 사 줄게' 하는 등 미끼로 꾀어서 즐거운 식사 시간을 고통스러운 시간으로 만드는 것도 좋지 않습니다. 아이가 심하게 거부하면 억지로 먹이지 말고, 대체 식품으로 영양을 보충하는 방법을 찾아야 합니다.

때로는 체질적으로 몸에 안 맞는 음식이 있을 수도 있습니다. 그러면 그 음식을 본능적으로 피하게 되는데, 예를 들면 달걀 알레르기가 있는 경우 달걀을 싫어하게 되는 것입니다. 따라서 편식이 너무 심하다 싶으면 알레르기 검사를 받아 보세요.

또 어린 아이에게 매운 김치를 먹이거나 아이가 매운 찌개를 잘 먹으면 대견해하는데, 이는 부모의 잘못된 편견입니다. 어린 아이에게 매운맛은 맛이 아니라 통증이기 때문에 억지로 먹일 필요는 없습니다.

어른과 아이 반찬을 따로 준비한다

 매일 저녁 아버지와 아이 반찬을 따로 준비하는 집이 있습니다. 아이에게는 늘 햄버거나 스파게티·카레라이스·오므라이스 등 아이가 좋아하는 음식만 줍니다.

 그렇다고 아이가 태어날 때부터 그런 음식을 좋아했던 것은 아닙니다. 아이들은 본래 입에 달고 씹기 편한 음식을 좋아한다는 생각에 엄마가 그런 것들만 주다 보니 자연히 아이 입맛이 그렇게 길들여진 것입니다.

 어른이 되어서도 마요네즈나 케첩이 없으면 밥을 못 먹는 사람이 있습니다. 원인은 이른바 '엄마의 맛'인데, 어릴 때부터 모든 음식에 케첩을 뿌려 먹어 버릇하는 식습관이 들었기 때문입니다.

 진한 맛과 담백한 맛에 대한 기호는 어린 시절에 만들어집니다. 어른이 되어서도 쉽게 바꾸지 못합니다. 입맛 차이 때문에 부부 사이에 금이 가는 경우도 있습니다.

엄마의 맛이 곧 케첩 맛이 되지 않도록 식습관을 들여 주세요. 그러려면 어른과 같은 반찬을 먹도록 지도해야 합니다.

실제로 요즘 아이들의 턱 발육이 문제가 되고 있습니다. 턱이 작으면 영구치가 자랄 공간이 좁아져서 치열이 나빠집니다. 치열이 고르지 못하면 미관상으로도 나쁘고 충치나 잇몸 질환에 걸리기도 쉽습니다.

매끼 먹는 반찬으로도 얼마든지 치열을 고르게 할 수 있습니다. 양식은 외식할 때나 먹고, 집에서는 밥과 반찬을 주세요. 오징어나 문어도 좋습니다. 간식은 말린 고구마나 마른 오징어, 빵도 식빵이나 크림빵 같은 것 대신 바게트나 독일식 호밀빵을 먹이면 씹지 않을 수 없어 턱이 발달합니다.

초등학교 급식에는 가정에서 잘 주지 않는 나물·해초·두부·생선 등이 자주 나옵니다. 집에서 아이 입맛에 맞는 반찬만 주다 보면, 학교에 들어가서 낯선 반찬을 접할 때 고생하게 됩니다.

공연한 수고를 덜고 어른과 같은 음식을 먹여야 합니다.

집이 쓰레기장 같거나,
반대로 모델하우스 같다

초등학교에 들어가면 종소리에 맞춰 정해진 시간에 따라 행동해야 합니다. 그런데 쉬는 시간이 끝났는데도 노는 데 정신이 팔려 선생님이 교실에 들어온 다음에야 헐레벌떡 돌아오는 아이가 있습니다. 다음 수업에 쓸 교과서도 없이 책상 위에는 지난 시간에 쓰던 교과서며 필기구가 널려 있습니다.

책상 안을 들여다보면 곰팡이가 슨 빵, 머리카락이 엉겨붙은 고무밴드 같은 것이 뒤섞여 있습니다. 게다가 한 달 전에 나눠 준 가정통신문까지 가득 차서 필요한 물건을 쉽게 찾을 수가 없습니다.

아이는 전날 밤 책가방도 챙기지 않고, 세수와 양치질도 하는 둥 마는 둥 하며, 아침까지 거른 채 허겁지겁 등교합니다. 준비물은 잊어버리기 일쑤입니다. 눈앞에 널려 있는 잡동사니 때문에 집중도 못합니다. 책상 안에서 곰팡이 슨 빵이 나와도 신경 쓰지 않습니다.

물론 주변이 지저분해도 불쾌감을 느낄 줄 모릅니다.

매일 이런 일이 반복되면 학력은 떨어질 수밖에 없습니다. 이런 아이는 가정에서 자기 물건을 정리하는 법을 못 배우고 자란 것입니다. 다음 두 유형의 부모 밑에서 자란 아이는 스스로 정리정돈하는 방법을 모릅니다.

- 집이 모델하우스처럼 말끔하게 정돈되어 있다. 그 상태를 유지하기 위해 엄마는 종일 온 집안을 쓸고 닦고 정리한다. 하지만 아이에게는 정리나 청소를 전혀 시키지 않고, 유치원 가방도 직접 정리해 준다.
- 집이 쓰레기장처럼 지저분하고 먼지가 늘 쌓여 있다. 아이는 태어날 때부터 청소라고는 모르는 환경에서 자라 그것이 일상이 되었다. 주변이 아무리 지저분해도 신경 쓰지 않는다.

그러면 어떻게 해야 정리정돈을 잘하는 아이가 될까요? 가족의 일원으로서 아이에게도 정리나 청소를 시켜야 합니다. 먼지가 쌓이고 주변이 지저분하면 불쾌해지는 감각을 어릴 때부터 익히는 것이 좋습니다.

장난감 정리도 스스로 하게 해야 합니다. 우선 장난감 상자 같은 수납 도구를 마련해 주고 "엄마랑 정리해 볼까" 하고 아이의 참여를 유도하세요. 그리고 상자에 든 내용물을 한눈에 알 수 있는 그림을 그린 스티커를 붙이거나, '자동차는 빨간 상자', '인형은 파란 상자'와 같이 아이가 아는 쉬운 색으로 정리정돈을 도와줍니다.

중요한 점은, 놀이가 끝난 후에는 반드시 정리해야 한다는 사실을 아이가 이해하게끔 하는 것입니다. 또 아무리 배가 고프고 졸려도, 소풍이나 운동회를 하고 나서 피곤해도, 크리스마스나 설날에도 이것만은 스스로 하도록 지도해야 합니다. 그러면 정리하는 습관을 기를 수 있습니다.

'정리'란 있던 곳에 다시 놓는 것입니다. 말끔하게 정리한 후의 좋은 기분을 느끼다 보면, 어질러진 상태를 불편하게 느껴 늘 정리정돈하려는 의식을 갖게 됩니다. 시간이 걸리더라도 어른이 나서지 말고 아이 스스로 하게 하세요.

물건이 잘 들어가지 않을 경우에만 슬쩍 도와주세요. 그러면 학교에 들어가서도 자기 책상이나 사물함을 알아서 정리하게 됩니다.

정리정돈하는 능력은 학력의 척도입니다. 정리정돈은 사물의 법칙성을 찾아내고 물건을 색이나 크기, 기능별로 분류하면서 집중력과 기억력을 키워 주기 때문입니다. 초등학생 중 머리는 나쁘지 않은데 부주의로 문제를 자주 틀리는 아이는 정리정돈이나 학습 도구 관리부터 미진한 경우가 많습니다.

아이에게 집안일을 시키지 않는다

아이에게 집안일을 시키면 더 번거로워질 때가 있습니다. 시간에 쫓기는 엄마는 아이에게 맡기느니 자기가 모두 해치우고 맙니다. 그렇지만 시켜야 합니다.

집안일 돕기는 아이가 하고 싶어해도 너무 어렵거나 위험해서 꾸준히 할 수 없는 일은 적당하지 않습니다. 아이가 하고 싶어하고, 아이의 능력에 맞아 계속할 수 있는 일을 맡기도록 하세요.

예를 들면, 가지고 놀던 장난감 상자에 담기, 식탁에 수저 놓기 등 간단한 일은 매일 하게 합니다. 주말에는 화분에 물주기, 월말에는 집안 대청소 때 작은 물건 옮기기 등 아이가 쉽게 해내면서 성취감을 느낄 수 있는 일을 시키도록 합니다.

만약 아이가 게으름을 피워서 자기가 해야 할 일을 다른 사람이 하게 되었다면, 다른 사람 몫의 집안일을 대신 하게끔 하는 정도의 적당한 벌칙을 주는 것이 좋습니다. 이것은 책임감의 문제이기 때문입니다.

또 아이가 조금 다쳤거나 코피가 났더라도 시키세요. 그러면 한 가지 일을 지속할 수 있는 인내력이 생깁니다. 하기 싫어도 참을 수 있는 힘이 길러집니다.

아이가 어른만큼 잘 해내지 못해도 "네가 이렇게 수건을 개 주니까 엄마 일이 한결 줄어드네" 하고 가족의 일원으로서 집안일을 하는 점을 칭찬해 주세요. 삐뚤빼뚤하게 개어 놓은 수건은 아이가 잠든 후에 다시 개면 되고, 덜 씻긴 그릇은 다시 씻으면 됩니다. 그렇게 계속하다 보면 아이도 점점 솜씨가 늘어 정말 엄마의 일손을 덜게 됩니다.

하지만 아이가 집안일을 도왔다고 해서 돈이나 선물로 보상하지는 마세요. 아이가 '집안일은 엄마를 위해서 해주는 일'이라고 생각하기 쉽습니다. '집안일은 내 일이고 가족의 일이다'라는 인식을 심어 주려면 돈이나 선물 보상은 바람직하지 않습니다.

말로만 떠들고 모범을 보이지 않는다

자신이 모범을 보이지도 않으면서 "똑바로 하지 못해?" 하고 잔소리하는 엄마가 있습니다. 하지만 어떤 것이 '똑바른' 것인지 듣도 보도 못한 아이로서는 알 길이 없습니다.

직접 수건을 펼쳐 놓고 "여기는 이렇게 접고 이렇게 놓는 거야, 똑바로 됐지?" 하고 보여 주세요. 처음에 시범을 보이기가 귀찮다고 넘어가면, 아무리 해도 아이는 수건을 똑바로 갤 수 없습니다. 결과적으로 시간만 허비하게 되죠.

밥그릇에 밥풀을 잔뜩 묻힌 채 "잘 먹었습니다!" 하고 일어서는 아이가 있습니다. 그럴 때는 "밥은 깨끗하게 먹어야지" 하는 막연한 말보다 "밥풀을 남기지 말고 다 먹어야지" 하고 말해 주세요.

밥 먹는 모양새가 나쁘다고 "똑바로 먹어"라고 말해 봤자 아이는 모릅니다. "밥공기는 상에 내려놓고 숟가락으로 떠서 먹으렴" 하고 말해야 알아듣죠.

빵부스러기를 바닥에 흘릴 때는 "흘리지 마!"라고 말하기보다 "식탁에 의자를 바짝 붙여 앉으면 바닥에 안 떨어진단다"라고 말해 주세요.

"전철에서는 얌전히 있어"라고 말하기보다 "내릴 역 안내 방송이 나오기 전까지는 의자에 앉아 있자", "말을 하고 싶으면 집에서보다 조금 작은 소리로 해야 돼"라고 말해야 알아듣습니다.

수업 시간에도 마찬가지입니다. 유치원 아이들에게 "물건을 질서 있게 놓으세요"라고 말하면 당연히 큰 것을 아래에 놓고 작은 것을 위에 놓으리라 생각하지만, '질서 있게'라는 말을 모르는 아이는 책상 가득 물건을 줄 세워 놓기도 합니다. 말로만 하지 말고 먼저 모범을 보여야 합니다.

한편 어른이 되어서도 구체적으로 지시하지 않으면 이해를 못하는 사람이 있습니다. 유치원에서 주최하는 강연회 안내를 할 때는 반드시 "실내화를 지참하세요. 지각하지 말고 9시 55분까지 홀에 집합하세요" 하고 일일이 가정통신문에 쓰고, 심지어 "강연 중에는 휴대전화를 진동으로 전환하고, 통화나 문자메시지는 삼가 주세요. 소리가 많이 나는 과자 등을 먹는 것도 삼가시기 바랍니다" 하는 당부까지 해야 합니다.

이는 엄마 자신도 그런 교육을 제대로 못 받았기 때문입니다.

아이 사진이 든 연하장을
아무 데나 보낸다

친구나 친척, 유치원 선생님에게 아이 사진을 담은 연하장을 보내는 일은 흔히 있습니다. 그런데 간혹 직장 동료나 거래처 사람한테까지 아이 사진, 더욱이 가족사진도 아닌 아이 사진만을 담은 연하장을 보내는 사람이 있습니다.

한 번 만난 적도 없는 직장 동료나 거래처 사람의 아이 사진을 덜렁 받아들고 마냥 귀엽게 생각할 사람은 많지 않습니다. 연하장에 들어갈 사진이나 글은 친구나 친척·유치원 선생님용, 그리고 직장이나 거래처용을 따로 구분해야 합니다.

또 초혼 연령의 증가와 함께 부부 열 쌍 중 한 쌍이 불임으로 고통받고 있다고 합니다. 혹여 그들 중 누군가 낯모르는 아기 사진이 들어간 연하장을 받는다면 기분이 어떨까요? 세상에는 다양한 사람이 있다는 점을 좀더 헤아려야 합니다.

4

부모가 해서는
안 되는
말과 행동

생활 습관 편

075

밤 9시가 되어도
아이를 재우지 않는다

밤 11시에 어린아이를 데리고 고깃집에 가는 집이 있는가 하면, 24시간 영업하는 대형 마트에 가는 집도 있습니다. 부디 어른의 생활양식에 맞춰 아이를 데리고 다니지 마세요.

한창 자라는 아이를 어른과 같이 자고 일어나게 해서는 안 됩니다. 어린이집이나 유치원, 초등학교에 들어가기 전에는 조금 늦게 자고 늦게 일어나도 괜찮을 것 같지만, 수면에 관한 연구에 따르면 늦잠으로 잠을 보충하는 것은 잘못된 방법이라고 합니다.

우리 뇌의 주요 신경전달물질 중 하나인 세로토닌은, 차분함과 안정감을 주는 동시에 신경 활동의 균형 전반을 조정하는 작용을 합니다. 이 세로토닌은 아침 햇빛을 충분히 쬐고 낮에는 해를 보며 활동할 때 분비가 촉진됩니다. 아침에는 늘어지게 늦잠을 자고 한낮에는 집 안에서 놀면 세로토닌이 충분히 분비되지 않습니다.

사람은 특별한 일이 없는 한 하루를 24시간이 약간 넘는 리듬으로 인식하는데, 아침에 해를 보고 규칙적으로 식사를 함으로써 24시간 단위로 생체 리듬을 조정합니다. 따라서 전날 늦게 자더라도 다음날 늦잠을 자면 수면 시간은 확보할 수 있지만, 24시간 단위의 규칙적인 생활 리듬은 유지할 수 없는 것입니다.

반면 밤이 되면 조명을 끄고 어두운 곳에서 시간을 보내는 것이 숙면에 효과적입니다. 항산화 작용, 생체 리듬 조정 작용 등을 하는 멜라토닌은, 잠에서 깬 지 14~15시간 후 즉 어두워지면 분비가 시작됩니다. 밤이 되어도 대낮처럼 환한 장소에 있으면 항산화 작용도 생체 리듬 조정 작용도 충분히 이루어질 수 없는 것입니다.

10세 이전의 성장기 아동은 열 시간 정도는 자야 무럭무럭 자랍니다. 또 늦어도 10시 이전에는 잠자리에 드는 것이 좋습니다. "잘 자는 아이가 잘 큰다"는 말처럼 충분한 수면은 아이의 신체적 성장뿐만 아니라 지적 발달과 운동 능력 발달도 촉진합니다.

더욱이 늦잠 자는 버릇이 있는 아이에게 아침 일찍 일어나 등교하는 일은 또 하나의 스트레스가 되어 등교 거부로 나타날 수 있습니다. 늦어도 초등학교 입학 전에는 일찍 자고 일찍 일어나는 습관을 들여 아이가 학교에 잘 적응하도록 도와야 합니다.

일찍 자고 일찍 일어나기, 아침은 반드시 먹고 건강하게 대변 보기 등 모든 것의 기본은 올바른 생활 리듬에 있습니다.

076
아침마다 아이를 깨워야 한다

초등학생이 되어도 부모가 아침마다 깨워야 일어나는 아이가 있습니다. 아침에 늦게 일어나 아침밥을 못 먹으면 뇌도 완전히 깨어나지 않아 수업 시간에 멍하니 앉아 있게 됩니다. 미국영양협회ADA의 조사에 따르면, 아침을 먹는 아이가 아침을 굶는 아이보다 집중력, 학습 능력, 창의력이 높고 결석률도 낮다고 합니다.

학교에 가기 전에 혼자 일어나는 습관을 들여야 합니다. 혼자 일어나기가 정말 어렵다면, 자명종에 맡겨 보세요. 그 참에 시계도 볼 줄 알게 됩니다.

아침에 규칙적인 시간에 일어나기 위해서는 규칙적으로 잠자리에 들어야 합니다. 잠자는 시간과 일어나는 시간을 정해 보세요. 그렇게 늘 같은 시간에 잠들고 일어나다 보면 습관이 되어 부모의 도움 없이도 혼자 잘 일어날 수 있습니다.

077
아침 배변 습관을 들이지 않는다

아침이면 등교 시간보다 1시간 30분 일찍 일어나서 아침밥을 먹고 대장을 자극하여 대변을 본 후 상쾌한 기분으로 등교한다. 이것은 매우 중요한 일입니다.

8시에 집에서 나선다면 등교하기 1시간 30분 전인 6시 30분에는 일어나는 것이 이상적입니다. 일찍 자고 일찍 일어나기, 아침밥 먹기, 대변 보기를 생활습관화하는 것입니다.

환경이 바뀌면 예민하게 반응하는 아이들이 있습니다. 자기가 사용하던 화장실이 아니면 용변을 제대로 못 보고 꾹 참아 나중에 병이 되는 경우도 있습니다. 심지어 그것 때문에 학교 수업이 부담스럽고 재미없어지기까지 합니다.

아침에 집에서 대변을 보고 등교해야 하는 이유는 또 있습니다. 초등학교 때 학교에서 대변을 보면 예나 지금이나 "쟤는 똥싸개

래요~" 하고 놀림감이 될 수 있습니다. 엄마들은 잘 모르겠지만, 특히 남자아이에게는 심각한 일입니다. 화장실 칸에 들어가면 대변을 본다는 것이 주변에 바로 알려지니까요.

다른 아이들이 위에서 물을 퍼붓거나 문을 쾅쾅 두드리면 안에 있는 아이는 불안해서 제대로 볼일을 못 봅니다. 결국 변비에 걸려 배에 가스가 차므로 늘 불쾌하죠.

실제로 '초등학교에서 마음놓고 대변을 못 보는' 것은 심각한 문제입니다. 어떤 자치단체에서는 초등학교 남자 화장실을 모두 개별 칸으로 만들어 버리기도 할 정도입니다.

배변 습관은 1학년이 되어 하루아침에 몸에 배는 것이 아닙니다. 유치원 때부터 철저하게 습관을 들여야 합니다. 휴지로 뒤처리하는 방법도 함께 연습해야겠지요? 볼일 보고 난 후 뒷사람을 위해 물 내리기, 적당한 길이로 화장지 사용하기, 화장실 사용 후 비누로 손 씻기 등도 중요한 일입니다.

078
아이 방에 책상과 의자를 들여놓는다

일찍부터 아이 방을 따로 내주고 책상과 의자까지 마련해 주는 부모가 있습니다. 아이가 초등학교 1학년이 되면 바로 공부를 시작하리라고 믿는 것일까요? 안타깝게도 아이는 그렇게 맺고 끊음이 분명하지 않습니다.

아이가 유치원에서 돌아오면 무엇부터 할까요? 물론 신나게 놀기부터 합니다. 그런데 학교에 들어갔다고 하루아침에 아이의 뇌가 초등학생 모드로 돌아가지는 않습니다. 여덟 살에 입학하는 것은 행정 편의상 정한 가이드라인일 뿐입니다.

성장은 연속적입니다. 초등학교 1학년은 아직은 스스로 공부할 줄 모릅니다. 방에 얌전히 있어서 마음을 놓으면 어느새 부모의 눈을 피해 게임을 합니다. 그러므로 현명한 엄마는 일찍부터 책상을 따로 사주지 않습니다. 실제로 입학준비용품 중 책상은 옛날만큼 많이 팔리지 않는다고 합니다.

공부는 식탁에서 하면 됩니다. 이런 경우 키가 작은 아이에게는 식탁이 너무 높을 수 있습니다. 식탁이 너무 높으면 쉽게 피로해지므로 식탁용 의자 밑에 받침대를 놓거나, 높이를 조절할 수 있는 의자를 준비해서 발이 바닥에 닿은 상태로 공부할 수 있게 해주세요.

밥을 먹을 때도 발이 허공에 떠 있으면 혈액 순환이 나빠집니다. 치의학적으로도 발을 바닥에 딛지 않고 씹으면 치아에 나쁜 영향을 미친다고 합니다.

초등학교 1학년까지는 식탁에서 공부하게 하세요. 그리고 2, 3학년이 되면 책상과 의자를 마련해 주세요. 책상과 의자는 오래 쓸 수 있는 것 즉 어른이 되어서도 쓸 수 있을 만한 것이 좋습니다.

아동용 책상 중에는 이것저것 달려 있거나 책상과 의자의 높이가 고정되어 있는 것도 있습니다. 화려한 캐릭터가 그려진 것은 아무래도 눈이 가기 마련이고, 중고등학생이 되면 아이가 촌스럽다며 꺼리게 됩니다.

그때그때 책상을 바꿔 주는 것도 좋지만, 그보다는 처음부터 어른용 책상을 사주는 것이 훨씬 경제적입니다. 책상은 모양이 단순한 것일수록 질리지 않고, 무엇보다 집중이 잘 됩니다.

책상이 너무 높으면 쉽게 피로해지고 반대로 너무 낮으면 등이 굽어 자세가 나빠지므로, 의자는 높이를 조절할 수 있는 것이어야 합니다. 또 학습용 의자는 등받이가 있는 것이 좋습니다. 팔걸이가 있는 것도 좋습니다.

  이렇게 의자는 집중할 때와 쉴 때 모두 사용할 수 있는 것이어야 합니다. 아이가 의자에 앉은 채 쉬기도 하고 공부도 하면 의자에 앉아 있는 시간이 길어지기 때문입니다.

아이가 걸레 짜기, 끈 매기, 옷 개기를 할 줄 모른다

걸레 짜기

일본 초등학교에서는 급식을 먹고 나서 그릇을 얹었던 쟁반을 닦게 합니다. 그럴 때면 늘 한 번도 걸레나 행주를 짜 본 적이 없다는 아이가 있습니다.

요즘은 스팀청소기나 부직포 걸레 등 편리한 청소용구가 많이 있습니다. 그래도 식탁을 닦을 행주를 짜거나 목욕 수건을 적셨다 짤 기회는 있을 것입니다. 이런 일을 아이에게 시키지 않고 엄마가 모두 도맡아 하는 가정에서 자란 아이들은 걸레 한 번 짜 보지 않고 초등학교에 들어갑니다.

이런 아이들은 두 손으로 걸레를 잡고 좌우를 반대쪽으로 비틀어 짤 줄 모릅니다. 아이는 찰흙을 뭉치듯 행주를 뭉쳐 꾹 누르거나 철봉을 잡듯 두 손으로 꽉 쥐었다가 물이 뚝뚝 떨어지는 채로 행주

걸이에 걸어 둡니다. 당연히 바닥은 물바다가 됩니다.

끈 매기

여자아이들은 예쁜 리본이 달린 옷을 입고 등교하기도 합니다. 아침에는 엄마가 리본을 묶어 주지만, 수업하는 도중에 매듭이 풀어지면 혼자 고쳐 매지 못합니다. 그런데 이 리본이 아이를 산만하게 할 수 있습니다. 공부보다 풀어진 리본에 더 신경을 쓰거든요.

요즘 많이 줄기는 했지만 끈으로 묶는 운동화도 마찬가지입니다. 아이들은 끈을 묶어 보지 못한 채 입학합니다. 체육 시간이 끝난 후에 줄넘기용 줄을 묶어서 정리하라고 하면 어쩔 줄 모르는 아이가 있습니다.

리본이 꼭 필요한 옷이라면 잘 풀어지지 않도록 처리해서 보내거나, 매듭이 풀어지면 혼자 묶을 수 있을 때까지 연습을 시킨 후에 입혀 보내야 합니다. 풀어진 매듭을 다시 묶어 주느라 선생님들이 수업 시간을 놓치게 해서는 안 됩니다.

벨트 채우기

남자아이 중에는 아직 몸집이 작아서 허리에 고무밴드가 달린 바지를 입고 오는 아이가 있습니다. 벨트 고리는 달려 있지만 스스로 벨트를 채우고 풀 줄 몰라서 벨트 없이 다닙니다. 그러다 보니 집에 갈 때는 바지가 술술 내려가 엉덩이골이 보이거나 팬티가 3센티미터는 비죽이 나오기도 합니다. 홍대 앞에서 볼 수 있는 힙합 패션처럼 말이죠.

그러나 이런 아이는 패션이 아니라 그저 칠칠치 못한 것입니다. 겉으로 보이는 팬티까지 패션의 일부로 코디하는 홍대 젊은이들과는 차원이 다릅니다. 어릴 때부터 벨트를 채우고 푸는 연습을 하게 하세요.

옷 개기

7월쯤 되면 체육 시간에 수영을 가르치는 학교도 있습니다. 아이들이 모두 나간 빈 교실에는 벗어 놓은 옷이 책상 위에 널브러져 있습니다. 교실 바닥에 팬티가 널려 있기도 합니다. 수영복으로 갈아입고 팬티를 아무렇게나 던져 둔 채 풀장으로 가 버리기 때문입니다.

수업 후에 돌아와서 팬티가 안 보이면 하루 종일 어떻게 보낼 요량일까요? 팬티도 없이 바지만 입으면 뻣뻣한 옷감에 가랑이가 쓸리고 아파서 공부에 집중하기 어렵습니다.

집에서 늘 아무렇게나 벗어던진 옷이나 잠옷을 엄마가 따라다니면서 치워 주고 벗은 옷을 개어 두는 습관을 들이지 않으면 학교에서도 똑같이 행동하게 됩니다.

차분히 앉아 있는 습관을 들이지 않는다

초등학교 입학 전까지는 아이가 의자에 차분히 앉아 있지 못한다고 해도 상관없습니다. 그러나 학교에 들어가서도 수업 시간에 진득이 앉아 있지 못한다면 어떨까요?

초등학교 입학 전에 하루에 30분이든 한 시간이든 차분히 앉아 있을 수 있도록 아이를 연습시키는 것은, 공부의 기초를 닦는 것 못지않게 중요합니다.

우선 모래시계를 이용한 방법이 있습니다. 아이를 앉힌 다음 모래시계의 모래가 모두 떨어질 때까지 쳐다보게 하면 됩니다. 이때 코로 숨을 들이마시고 입으로 토해내면서 모래가 떨어지는 것을 지켜보게 하세요.

아이의 호흡이 자연스럽게 느려지는데, 그동안 아이의 양어깨를 잡고 좌우로 몸을 흔들다가 툭 하고 떨어뜨려(155쪽 참고) 편하고 바른 자세를 유지할 수 있도록 도와줍니다.

계속 모래를 쳐다보려면 상당한 집중력이 필요하기 때문에 처음에는 3분짜리 짧은 모래시계로도 충분합니다. 비록 3분이라는 짧은 시간이지만 조용히 집중하면 마음이 차분히 가라앉습니다. 이런 연습을 반복해서 하다 보면 어른이 되어서도 정신적으로 안정된 사람이 될 수 있습니다.

아이가 3분 동안 가만히 앉아 있을 수 있게 되면 모래시계를 뒤집어 6분에 도전해 보세요. 하지만 절대 무리하게 시킬 필요는 없습니다. 3분 동안 앉아 있으면 그 자세 그대로 책을 읽어 주거나 같이 그림을 그리면서 시간을 조금씩 늘려갑니다. 이런 연습으로 엉덩이를 들썩이지 않고 차분히 앉아 있을 수 있다면 학교에 들어가서도 아무 걱정이 없습니다.

모래시계는 마음을 안정시키는 데 매우 효과적입니다. 메트로놈이나 스톱워치는 째깍째깍 하는 기계 소리 때문에 오히려 더 불안해질 수 있습니다. 물이 흐르듯 모래가 서서히 떨어지는 모습을 바라보면 마음이 편안해집니다.

또 책을 소리 내어 읽게 하는 방법도 있습니다. 30분 정도는 자리에 앉아 있는 습관이 생깁니다. 글을 못 읽는 아이라면 부모가 적어도 30분 정도 책을 읽어 주세요. 자리에 앉아 있게 하는 좋은 연습이 됩니다.

어린 아이가 꼼짝 않고 30분 동안 앉아 있을 수 있을까? 많은 부모가 쉽지 않다고 생각하는 것이 당연합니다. 하지만 잘 생각해 보면 아이들은 좋아하는 게임이나 놀이를 할 때 한두 시간은 거뜬히 앉아서 집중합니다.

유치원 졸업 후 봄방학 내내 놀게 한다

아이 공부는 학교에 맡기라는 선생님도 있지만, 학교 공부만으로는 필요한 학력을 갖출 수 없습니다.

공부 잘하는 아이의 엄마에게 집에서 무엇을 가르치느냐고 물어도 "별거 안 하는데요" 하고 대답할 뿐입니다. 그렇다고 그 가정에서 공부를 거르는 것은 아닙니다. 그 엄마가 거짓말을 하는 게 아니라 너무 당연한 일이라 굳이 말로 하지 않을 뿐입니다.

학교에서 배운 내용을 완전히 이해하고 자기 것으로 만드느냐 마느냐는 가정학습에 달려 있습니다. 수업 시간에는 다 알아들은 것 같아도 그 날 배운 것을 그 날 바로 복습하지 않으면 결코 자기 실력으로 쌓이지 않습니다.

앞에서도 말했듯이 사람은 습득한 정보의 80퍼센트를 24시간 안에 잊어버립니다. 학원에 다닌다고 마음을 놓고 복습을 소홀히

하는 부모가 있습니다. 학원에 보냈다고 끝이 아닙니다. 일주일에 고작 몇 번 만나는 선생님이 아이의 예습과 복습까지 책임지지는 않습니다. 복습을 하지 않으면 돈을 길바닥에 버리는 셈입니다.

가정학습은 초등학교 입학 전에 반드시 습관화해야 합니다. 유치원 졸업 후 봄방학은 집에서 공부하는 습관을 들일 수 있는 절호의 기회입니다.

유치원 졸업증서를 받아든 아이들은 초등학교 입학 축하 인사를 받으며 '몇 밤만 자면 나도 초등학생이다!' 하고 기대에 부풉니다. 책가방을 몇 번씩 열었다 닫았다 하기도 합니다.

늦어도 유치원 졸업식 다음날부터는 공부 습관을 들이기 시작해야 합니다. 그림 그리기든 이름 쓰기든 숫자 공부든 적어도 하루에 5분은 책상 앞에 앉아 있는 습관을 들이세요.

매일 반복하는 것이 최우선 조건입니다. 또 너무 오래 해서는 안 됩니다. 정해진 시간이 되면 딱 끝내고 놀게 해야 합니다. 리듬과 질서가 있는 생활을 학습시켜야 합니다.

가정학습 시간은 최소한 '학년×10분'입니다. 초등학교 1학년은 10분, 2학년은 20분, 3학년은 30분, 그렇게 긴 시간은 아니죠. 저학년 때는 집에서 전혀 공부를 안 하다가 4학년이 되어 갑자기 하루에 한 시간씩 공부하기는 어렵습니다. 이 정도는 아이도 쉽게 따라올 것입니다.

숙제를 아이에게만 맡긴다

초등학생이 되자마자 '자기 일은 자기가 해야지' 하며 갑자기 모든 것을 아이에게 떠맡겨 버리는 엄마가 있습니다. 하지만 엊그제까지 놀기만 하던 아이가 갑자기 자기 혼자 힘으로 숙제를 하기는 어렵습니다.

아이가 학교에서 돌아오면 책가방을 열고 숙제를 확인하게 하세요. 숙제를 시작하기 전에 연필·지우개 등 필요한 물건은 모두 준비하게 합니다. 이런 준비를 하지 않으면 매번 책가방을 열고 꺼냈다가 다시 닫는 불필요한 동작을 반복하게 됩니다. 자연히 집중력이 떨어지고 시간을 낭비하게 됩니다.

우선 이름부터 쓰게 해야 합니다. "이름은 나중에 써도 되니까 문제부터 얼른 풀자" 하고 말해서는 안 됩니다. 이름을 나중에 쓰려다 보면 자칫 잊어버리기 쉽습니다. 시험 때 이름을 빠트려 0점을 받는 일이 없도록 미리 주의해야 합니다.

그런데 이름을 쓰라고 하면 아이는 스케치북에 쓰듯이 첫 글자를 커다랗게 써 버립니다. 이름 칸의 여백은 한계가 있어서 그렇게 크게 쓰면 다 들어가지 않습니다. 그러니 뒤로 갈수록 점점 작아져서 모양이 우스워지죠. 상황에 따라 이름 칸은 클 수도 작을 수도 있으므로, 엄마가 글자 하나가 들어갈 만큼 희미하게 칸을 쳐 주는 등 공간 감각을 일깨워 주세요.

그 다음 문제를 위에서부터 풀어야 하는지, 아래에서부터 풀어야 하는지 아이는 아직 이런 것도 이해하지 못합니다. 그러므로 첫 학기의 초기 한두 달 동안은 엄마가 함께 앉아서 답이나 풀이가 아닌 공부하는 방법을 가르쳐야 합니다.

아이가 방법을 이해하고 나면 줄곧 옆에만 붙어 있지 말고 슬쩍 자리를 떴다 돌아왔다 하면서 아이를 관찰하세요. 그리고 아이가 모른다고 할 때는 언제든 도움을 주세요.

부모가 무관심하면 아이가 수업 시간에 무엇을 배우는지도 모르고, 아이가 숙제를 하는지 안 하는지도 몰라서 예전에 나눠 준 유인물이 가방 안에서 굴러다니게 됩니다. 아이의 학력이 어떻게 될지는 불 보듯 뻔한 일입니다.

083
소지품에 이름을 쓰지 않는다

자기 물건에 이름을 써놓지 않는 아이가 있습니다. 이런 아이는 연필이나 우산을 곧잘 잃어버립니다. 처음에는 큰일이라도 난 듯 야단법석을 떨지만, 어느 순간 자기 물건이 없어져도 신경 쓰지 않게 됩니다.

심할 때는 누구 것인지도 모르는 공책에 각기 다른 아이들의 이름이 적혀 있기도 합니다. 남의 것과 내 것을 분간하지 못해서 비슷한 물건이 자기에게 돌아오면 남의 것이라도 태연히 자기 이름을 써놓는 것입니다. 주인 모르는 비닐우산을 멋대로 가져오는 것도 마찬가지입니다.

또 아이가 물건을 잃어버린 후에야 "우리 애 점퍼가 없어졌어요" 하고 야단법석을 떠는 엄마도 있습니다. "다른 애가 가져갔나 봐요. 선생님, 좀 찾아 주세요. 그거 정말 비싼 옷이에요" 하고 하소연합니다. 이런 일은 어릴 때부터 엄마가 물건에 이름을 꼬박꼬박 적어 버릇하지 않았기 때문에 일어납니다.

자기 물건이 무엇인지 알고 소중하게 다루며 챙기는 것도 중요한 학습입니다. 물건을 사면 이름을 써 붙이도록 지도하세요.

이름을 쓰는 표는 부모가 만들어 주되, 붙이는 것은 아이가 직접 붙이도록 하는 것이 좋습니다. 부모가 해주면 아이는 자기 물건의 소중함을 실감하지 못합니다. 시간이 지체되고 번거롭더라도 아이가 스스로 하게 해서 물건의 소중함을 깨우치게 해야 합니다.

혹시나 아무리 값이 싸고 잃어버려도 다시 구할 수 있는 물건이라도 "잃어버렸다고? 그럼 새로 사면 되지" 하고 쉽게 말하면 안 됩니다. 그래서는 물건을 아끼는 마음을 기를 수 없습니다.

084
1년에 네 번 이상 장난감을 사 준다

온 방이 최신 장난감으로 가득 차 장난감 전시장을 방불케 하는 집이 있습니다. 아이에게 장난감을 지나치게 사 주는 집입니다.

특별한 이유도 없이 백화점이나 대형 마트에만 가면 졸라대는 아이를 못 이겨 장난감을 사 주는 집도 있습니다. 또 손자가 귀여운 마음에 할아버지 할머니가 오실 때마다 장난감을 사 주는 나쁜 버릇이 든 집도 있습니다.

장난감은 생일, 크리스마스, 설날에 선물이나 세뱃돈 삼아 사 주는 정도로 줄여야 합니다. 할아버지 할머니에게 그렇게 말씀드리기 곤란하면 '생일에 한 번 큰 것으로 사 주시라'고 말씀드리는 것은 어떨까요?

보이는 대로 아무 때나 사주다 보면 물건에 대한 애착이나 아끼는 마음이 자라지 않습니다. 또 '누구네 집에 가면 최신 게임기나 장난감이 있다'는 것을 아이 친구들이 알게 되면 집은 아이들의 놀이터가 되어 버립니다.

더욱이 장난감이 너무 많으면 수납공간이 모자라 여기저기 굴러다니게 되고, 안 그래도 좁고 어지러운 집은 쓰레기장으로 변해 버립니다. 그로 인해 주변이 지저분해도 신경 쓰지 않는 나쁜 습관마저 생기게 됩니다.

한편 아이에게 선물을 줄 때 지켜야 할 일이 있습니다. 첫째, 아이가 선물을 받고도 고마워하지 않는다면 선물을 줄여야 한다는 것입니다. 선물을 줄 때 시큰둥해하거나, 진심어린 감사의 인사가 없거나, 혹은 기뻐하는 반응이 없다면 그 부모는 고마움을 모르는 아이를 키우고 있는 것입니다. 아이가 어릴수록 그 정도는 무시하고 넘어가기 쉽지만, 그런 아이가 10대가 되면 원망 많고 적대적인 사람이 되기 쉽습니다.

둘째, 모든 아이가 똑같은 사랑과 대우를 받아야 하지만, 똑같은 대우가 똑같은 선물을 의미하지는 않는다는 것입니다. 어떤 아이는 비싼 물건이 필요하지만, 어떤 아이는 그런 물건이 필요 없을 때가 있습니다. 현명한 부모라면 형제 중 한 아이에게 선물을 주면서 다른 아이에게도 똑같이 주는 게 아니라, 그럴 때 아이가 욕구를 다음 기회로 미루는 법, 질투심을 다스리는 법, 다른 형제만 필요한 것도 있음을 이해하는 법을 배울 수 있도록 도울 것입니다.

텔레비전을 친구 삼게 한다

병원에서 아이를 낳으면 병실마다 텔레비전이 있어 아직 눈도 제대로 뜨지 못하는 아이가 태어나자마자 텔레비전 소리에 노출됩니다. 인생의 첫 친구가 텔레비전이 되는 셈입니다.

퇴원한 후에도 배경 음악처럼 늘 텔레비전 소리가 들립니다. 유치원이나 초등학교에 들어간 후에도 집에 돌아와 가방도 풀기 전에 엄마나 아이나 텔레비전 전원부터 켭니다.

식사 중에도 텔레비전이, 심지어 컴퓨터까지 켜져 있습니다. 아이가 자라면 가족이 식탁에 앉아 있기는 하지만, 아이나 어른이나 서로 스마트폰만 들여다보며 말 한마디 나누지 않는 광경도 흔히 볼 수 있습니다.

텔레비전이나 게임은 화면이 저절로 넘어갑니다. 눈을 돌리지 않아도 화면은 움직입니다.

책은 다릅니다. 글자가 정지해 있으므로 스스로 안구 근육을 움직여야만 합니다. 텔레비전이나 인터넷에 의존하는 생활을 하다 보면 안구 근육이 발달하지 않아서 일정 시간 이상 문장을 읽는 능력이 퇴화됩니다. 점점 눈이 쉽게 피로해져 잠이 옵니다.

초등학교에서는 오후 2~3시까지 1교시당 40분의 수업을 하는데, 텔레비전만 보던 아이는 교과서를 읽거나 칠판 글씨를 보는 것도 무척 힘들어합니다.

또 텔레비전은 스스로 생각하지 않아도 다음 장면으로 넘어갑니다. 텔레비전을 지나치게 보면 상상력이 발달하지 않는 것은 그 때문입니다.

텔레비전만 보며 자라면 글을 읽고 스스로 이미지를 만들어 낼 수 없습니다. 학교 수업은 문장을 읽고 그 내용을 머릿속에 그리는 것을 전제로 이루어집니다. 문장 이해력이 떨어지면 수업을 따라갈 수 없죠. 그러므로 텔레비전을 친구 삼게 해서는 안 됩니다.

아이 앞에서 선생님 험담을 한다

"'왜 맞는 답인데 선생님이 ×표를 했지? 그 선생님 영 아니네' 라고 엄마가 그랬어."

"'옆반 선생님이 훨씬 낫겠다!'라고 우리 엄마가 그러던데."

이렇게 아이들이 뜬금없이 선생님에 대해 말할 때가 있습니다. 그 순간 선생님은 가슴이 철렁하고 불쾌해집니다.

물론 좋은 선생님도, 나쁜 선생님도 있습니다. 하지만 어떤 경우에도 아이 앞에서 선생님 험담을 해서는 안 됩니다. 좋든 나쁘든 그 사람은 아이의 선생님이기 때문입니다.

엄마가 선생님 험담을 하면 아이 역시 선생님에 대한 신뢰가 깨집니다. 하루 중 반나절 이상을 함께 보내는 선생님, 공부를 가르쳐주는 선생님에 대한 신뢰가 깨진다면 아이의 학교생활이 어떻게 될까요? 평생 선생님이라는 존재를 존경의 대상이 아니라 두려움과 미움의 대상으로 바라본다면 아이의 인생이 너무 각박하고 위축되지 않을까요? 부모가 선생님을 경시하는 말을 하면 아이 역시 선생님을 같은 시각으로 보게 됩니다.

혹은 "아이가 학교에 볼모로 잡혀 있으니 불평 한마디 할 수 있어야지" 하고 입을 다물어 버리는 부모가 있습니다. 하지만 학교에 직접 말하지 않더라도 집에서 아이에게 불평을 하면 그 말은 반드시 선생님의 귀에도 들어간다는 것을 알아야 합니다. 부모가 직접 학교를 상대로 행동하지 않아도 담임선생님은 이른바 '몬스터 페어런츠'monster parents:학교에 대해 자기중심적으로 불합리한 요구를 거듭하는 보호자. 학교에 압력을 넣거나 허위 고발을 하는 사례도 있어 심하면 담임교사가 우울증에 걸리거나 자살하기도 한다. 일본의 교육자인 무코야마 요이치가 처음 명명하여 널리 쓰이게 되었다. 미국에서는 헬리콥터 페어런츠helicopter parent라고 부른다__옮긴이 즉 성가신 학부모로 여기게 됩니다.

아이 앞에서는 부부간에 이야기할 때도 특별히 주의해야 합니다. 꼭 해야 할 말이 있다면 아이가 잠든 후에 하도록 하세요.

소소한 제출 일자를 지키지 않는다

아이들의 가방에는 유치원·학교에서 받은 갖가지 유인물이 들어 있습니다. 아이들이 서너 명쯤 되면 형제가 저마다 유치원·학교·학원 등에서 유인물을 받아 오므로 엄마는 그 많은 편지를 읽어 보는 것만으로도 힘에 부칩니다. 필요한 것, 필요 없는 것이 쌓여서 안 그래도 지저분한 집이 더 지저분해집니다.

유인물에는 우선순위가 높은 것과 낮은 것이 있습니다. 또 제출 일자가 멀어도 중요도가 높은 것과 낮은 것이 있습니다. 중요도가 높은 것은 대소변 검사 안내물과 채변 도구 등이고, 중요도가 낮은 것은 지역 행사 참가 안내물 같은 것입니다.

여름에 수영 수업을 할 때는 수영 카드_수영 수업 일지와 아이의 상태를 기록하는 카드__옮긴이_와 수영복이 없으면 아예 풀에 들여보내지 않는 학교도 있습니다. 수영 카드에 그날 아침의 체온을 기입하고 부모 도장을 받아야 하는데, 이것 없이 들어갔다가 갑자기 아이가 아플 경우 책임질 수 없기 때문입니다. 수영복 없이 수영 카드만 가져와서 "옷 입고 수영하면 되잖아요" 하고 주장하는 아이도 있지만, 결국 들여보내지 않습니다.

그러면 날짜를 잘 지키려면 어떻게 해야 할까요?

제출물은 아무리 날짜가 멀어도 안내를 받은 후 72시간 안에 제출하세요. 그리고 아이에게도 그런 모습을 보여 주세요.

날짜를 지키지 않아서 '제출 기한이 넘었으니 빨리 제출하세요' 하는 재촉 편지를 받고도 그 편지마저 잃어버려서 선생님을 번거롭게 하는 부모도 있습니다. 급기야 선생님이 아이에게 "제출 기한이 넘었으니 엄마한테 대변 봉투 가져오시라고 꼭 전해라"라는 말까지 하게 되죠. 이럴 때 아이는 '좀 늦게 내면 어때!' 하고 생각하는, 약속을 안 지키는 아이가 됩니다.

엄마가 칠칠치 못하면 아이도 칠칠치 못해집니다. 여름방학 숙제도 개학이 코앞에 다가올 때까지 질질 끌지 말고 7월 말까지는 해치운 다음 마음놓고 나머지 방학 기간을 보내게 하는 것이 정신적으로도 좋습니다.

할 일은 되도록 빨리 해치우세요. 마음 한구석에 '숙제해야 하는데…' 하는 부담을 가진 채 보내는 것은 정신 건강에 좋지 않습니다.

행사나 학부모회의에 늦거나
말도 없이 빠진다

행사나 학부모회의에 늘 지각을 밥 먹듯 하는 사람이 있습니다. 지각하는 것을 무슨 벼슬로 아는지 '난 이렇게 바쁜 사람이야!' 하며 자랑스럽게 나타나기도 합니다.

지각을 하면서도 화장은 절대 빠뜨리지 않습니다. 지각하는 것보다 맨얼굴로 나서는 게 더 부끄러운 모양입니다. 그러다 보니 매번 앞에 선 진행자가 "시간이 다 되었지만 아직 다 모이지 않은 관계로 10분 후에 시작하겠습니다" 하는 안내 방송을 내보내게 됩니다.

제시간에 맞춰 온 사람들의 소중한 시간이 날아가도 조금도 거리낌이 없습니다. 시간 약속을 지킨 엄마들은 이렇게 시간이 지연될 줄 알았다면 집안일 하나를 더 해도 했을 텐데 말입니다.

그러다 보면 학부모 전체에 '언제나 늦는 사람이 있어서 어차피 늘 늦게 시작할 텐데 서둘러 올 필요가 없겠네' 하는 의식이 퍼져 시각을 어기는 것이 당연하게 되어 갑니다. 이런 분위기에서는 아이들 역시 시간관념이 느슨해집니다.

심지어 무단결석을 하는 사람도 있습니다. 결석을 하면서 문자 메시지나 전화 한 통이 없습니다.

물론 집에 어린아이가 있으면 나가기 직전에 "엄마, 쉬~", "나 우유 흘렸어~" 하는 돌발 상황이 일어날 수 있지요. 하지만 그런 일도 모두 예상해서 미리미리 움직이는 센스가 필요합니다.

전업주부 생활을 오래 하다 보면 일정 기간 사회와 격리됩니다. 그 때문에 현실감을 잃고 '사정이 이러니까 봐 주겠지' 하며 핑계를 대고 태연히 지각하거나 아무 연락도 하지 않는 사람이 있습니다.

사회에서 그런 태도는 통하지 않습니다. 비가 온다는 예보가 있으면 자명종을 일찍 맞춰 놓고 평소보다 조금 더 일찍 나서서 지각을 피하려는 마음가짐이 필요합니다.

아이에게 사회 규범을 가르치기 위해서라도 지각이나 무단결석은 삼가야 합니다.

학부모회의 때 늘 뒷줄에 앉는다

유치원에서 강연회나 학부모회의가 열릴 때 으레껏 뒷줄부터 자리를 채우는 사람들이 있습니다. 그 시간 동안 졸거나 문자 메시지라도 보내려고 일부러 뒷줄에 앉으려는 꼼수가 훤히 들여다보입니다. 앞에 서 보면 알 수 있는데, 사실은 맨 뒷줄이 가장 눈에 띄고 맨 앞줄이 가장 눈에 안 띕니다.

강사는 객석 전체를 둘러봐야 하므로 늘 뒷줄에 시선을 두고 전체를 내려다보며 이야기합니다. 그래야 공간을 장악해서 자기가 이야기하기 쉬운 분위기를 만들 수 있으니까요.

코미디언이 무대에서 "안녕하세요~" 하고 객석 뒷줄을 보며 공연을 하는 것과 마찬가지입니다. 이것은 '프로의 철칙'입니다. 그 사실도 모른 채 사람들은 가능한 뒤에 앉으려 하죠.

뒷자리에 앉으면 또 다른 손해가 있습니다. 이를테면, 원장선생님이 '저 사람은 이야기를 들을 생각이 없구나' 하고 나쁜 인상을 갖게 됩니다. 당연히 강연 내용도 귀에 잘 들어오지 않습니다.

강사도 앞줄이나 가운데 자리가 비어 있으면 말하기 어렵습니다. 그래서 원장선생님은 강사와 의논을 하죠.

"먼저 온 사람부터 자유롭게 앉게 하면 어떨까요? 그러면 꼭 뒷자리부터 차고, 그 다음에 가장자리가 차거든요. 아슬아슬하게 지각하는 사람이 앉을 곳은 맨 앞줄과 가운데, T자 자리밖에 안 남겠죠. 다들 앞줄이나 가운데에 앉기 싫어서 일찌감치 올 거예요."

예상대로 그렇게 되었는데, 이것을 'T자의 법칙'이라고 합니다.

또 강연회나 학부모회의 후에 자기가 앉았던 의자를 정리하지 않는 엄마가 있습니다. 마치 영화관에라도 온 듯이 유치원 선생님에게 의자며 뒷정리를 모두 맡겨 버리죠. 게다가 어린아이라도 있으면 아이가 바닥에 흘린 과자 부스러기도 그대로 버려둔 채 가버리기도 합니다.

이런 모습에서 학교에 대한 예의라고는 찾아볼 수 없습니다. 그런 부모의 뒷모습을 아이들은 고스란히 보고 자랍니다.

유아용 캐릭터 그릇에 밥을 먹인다

아이라고 해서 언제까지나 호빵맨 숟가락이나 접시, 밥공기에 밥을 먹이는 집이 있습니다. 초등학교에 들어가면 캐릭터가 그려진 그릇과는 졸업해야 합니다. 플라스틱으로 된 유아용 그릇에만 먹다 보면 그릇을 아무렇게나 다루는 버릇이 들어 버립니다.

저는 열두 살 때부터 기숙사에서 생활했는데, 학생들이 식사 때마다 2백 명 분량의 그릇을 설거지했습니다. 깨지지 않는 플라스틱 그릇에다 설거지양도 엄청나 몇 사람이 싱크대 앞에 서서 그릇을 던지다시피 다루며 씻곤 했죠. 그때 들어 버린 버릇이 좀처럼 고쳐지지 않아 요즘도 저는 설거지를 하다가 컵이나 그릇을 걸핏하면 깨곤 합니다.

슈퍼마켓이나 대형 마트에 가면 예쁜 그림의 스티로폼 용기에 담아 파는 김밥이나 초밥이 있습니다. 다른 그릇에 옮길 필요 없이 바로 식탁에 올려도 될 정도입니다. 낫토 같은 것도 다른 그릇에 옮기면 끈적끈적한 찌꺼기가 남고 나중에 수세미에도 냄새가 배게 되므로, 원래 담겨 있던 용기 그대로 식탁에 올리기도 합니다.

심지어 그릇도 준비하지 않고 종이로 된 식탁 매트에 반찬을 떠 놓고 다 먹으면 둘둘 말아 버리는 엄마도 있습니다. 또 그마저도 귀찮아 냉장고 앞에 의자를 옮겨 놓고 냉장고의 반찬통을 열어 이것저것 집어먹는다는 사람도 있었습니다.

음식마다 어울리는 그릇을 사용하면 미적 감각이 길러집니다. 식사는 배를 채우기 위해서만 하는 것이 아닙니다.

무조림은 이 대접, 달걀말이는 이 접시 하는 식으로 재료에 맞는 그릇에 감각을 담아 보세요. 미각만이 아니라 이런 감각도 유아기에 길러야 하는 것입니다. 이제 그만 플라스틱 그릇과 졸업시키세요.

아이라고 손에 잡히는 대로 입힌다

아이에게 장식이 주렁주렁 달린 옷을 입히는 엄마가 있습니다. '어린애니까 입혀 주는 대로 입어야지' 하는 생각으로 옷을 입히는 사람입니다.

8월에 수업을 하다 보면 목욕수건 한 장 두른 듯한 차림의 아이를 데려오는 사람도 있습니다. '이 꼴을 하고 걸어왔다는 건가?' 싶어질 정도입니다.

하지만 엄마는 명품으로 치장하고 있습니다. 최신 유행의 헤어스타일에 네일아티스트가 손질해 준 깔끔한 손톱, 화장을 한 듯 안 한 듯 자연스러운 피부 톤의 내추럴 메이크업까지 하고 있지요.

그런데도 아이의 옷에는 신경 쓴 흔적이 없습니다. 어디서 얻었는지, 재활용품점에서 5백 원을 주고 샀는지 몰라도 얼룩에 구멍까지 뚫려 있습니다.

반대로 아이에게 수십만 원짜리 고가의 옷을 입히는 것도 문제입니다. 엄마와 함께 커플룩이니 뭐니 하며 너무 좋은 옷만 입히다 보면 어린아이라도 욕심이 한이 없어지죠.

아이의 옷은 너무 고급스러울 필요가 없습니다. 재활용품도 상관없습니다. 하지만 두꺼운 코듀로이 바지에 하늘하늘 비치는 셔츠를 입히는 것은 소재로나 계절감으로나 영 맞지 않습니다. 소재만 어울리게 맞춰도 훨씬 감각적으로 입힐 수 있습니다.

색은 비슷한 계열로 하되, 연예인처럼 요란하게 빨간 바지에 노란 티셔츠를 입히거나 무늬 있는 티셔츠에 무늬 있는 바지나 치마를 맞춰 입히지 않도록 주의해서 옷을 골라야 합니다.

'사람은 겉모습이 9할'이라는 말이 있습니다. 다소 못생기고 뚱뚱해도 감각 있게 옷을 입으면 얼마든지 멋지게 보일 수 있습니다. 그렇지만 자신의 패션 감각이 뒤떨어진다면 도리가 없겠죠.

멋을 아는 사람은 어릴 때부터 엄마가 아이의 옷을 신경 써서 골라 준 경우가 대부분입니다. 패션이나 색채 감각은 유아기에 형성되어 평생 그 사람에게 새겨집니다.

또 아이의 손톱에 매니큐어를 바르고 머리를 염색하거나 퍼머넌트를 하는 부모도 있습니다. 그리고 그 모습 그대로 유치원에 보냅니다.

초등학교에서는 이런 행위를 금합니다. 하지만 한번 멋을 부려

본 여자아이는 계속 머리 염색을 하고 싶어하거나, 손톱에 분홍 매니큐어를 칠하고 싶어합니다. "그것은 교칙에 어긋나서 안 돼!"라고 설득해도 소용없습니다. 결국 아이와 엄마가 다투게 됩니다.

나이가 서른을 넘으면 맨얼굴로 다니기가 부끄러워지고, 흰머리가 생기면 염색을 하는 편이 보기 좋습니다. 남에게 불쾌감을 주지 않기 위한 몸치장이 어쩔 수 없이 필요해지죠.

하지만 아이들은 있는 그대로가 가장 귀엽고 예쁩니다. 공연히 이것저것 장식하지 않는 것이 좋습니다. 엄마의 취향대로 아이에게 화장시키는 일은 그만둬야 합니다.

092

전철 안에서 과자를 먹인다

원장선생님 말씀 중에 영화관에서 팝콘을 먹듯이 빵을 뜯어먹는 엄마가 있었습니다. 이 사람은 아마 전철 같은 곳에서도 남의 눈 따위는 아랑곳하지 않고 음식을 꺼내 먹겠죠.

젊은 여성이 전철에 앉아 빵을 먹고 가방에서 팩 음료를 꺼내 마시며 빨대에 립스틱을 덕지덕지 묻히는 광경을 수도 없이 보았습니다.

어느 날은 화장기 없는 아주머니 한 사람이 버스에 오르더니 금세 자리를 차지하고 앉더군요. 눈썹도 거의 없어서 흡사 달걀귀신 같았죠.

그런데 자리에 앉자마자 스킨을 바르기 시작했습니다. 이어서 로션, 메이크업 베이스를 바르고 파운데이션, 블러셔, 그리고 하이라이트를 바르더니 아이섀도, 아이라인. 버스가 급정거해도 아이라이

너를 움켜쥔 채 솜씨 좋게 라인을 그려갑니다.

마침내 눈썹을 그리고 립스틱을 바르고, 마지막으로 빗을 꺼내 머리를 빗기 시작합니다. 종점에 도착하자 완성, 아름다운 아주머니로 변신했습니다.

누구에게도 폐를 끼치지는 않았으니 "차 안에서는 휴대전화를 삼가 주세요" 하듯 "차 안에서는 화장을 삼가 주세요" 하는 안내방송은 나오지 않습니다. 주의를 주는 사람도 없습니다.

그렇다 해도 자신이 변신해 가는 모습을 낯선 사람들 앞에서 적나라하게 드러내는 것이 부끄럽지 않을까요? 화장은 얼굴을 복원하는 작업입니다. 그 과정은 남에게 보여 줄 것이 못 됩니다. 뇌에서 그것을 인식하지 못하는 것입니다.

어릴 때부터 엄마가 전철 안에서 화장을 했다거나, 칭얼거리면 과자나 빵을 주었다거나 하는 경험이 그처럼 부끄러움을 모르는 뇌를 만들어 버린 것입니다.

전철 안에서 칭얼거리는 아이를 달래려고 쉽게 과자나 빵을 주지는 마세요. 칭얼거리면 과자가 나온다는 것을 아이가 학습하게 되니까요.

5

부모가 해서는
안 되는
말과 행동

초등학교 입학 전야 편

초등학교를 유치원의 연장으로 여긴다

3월이 되면 어제까지 유치원생 같은 기분으로 지내던 아이가 하루아침에 초등학생이 됩니다. 하지만 초등학교는 유치원 시절과는 사뭇 다른 차이가 있습니다.

- 유치원은 활동이나 놀이 중심의 교육 과정으로 운영되는 반면, 초등학교는 학습이 중심이 된다. 따라서 친구들을 바라보며 이야기를 나눌 수 있는 모둠식 책상 배치를 하는 유치원과 달리 초등학교에서는 선생님을 정면으로 바라보는 강의식 책상 배치를 한다.
- 유치원 때와 달리 1교시당 40분의 수업을 4교시, 5교시 내내 앉아서 들어야 한다. 시간관념이 느슨하던 생활에서 종소리로 시간을 구분하는 생활로 들어간다.

- 갑자기 모든 학생이 글자와 숫자를 알고 있다는 것을 전제로 수업이 진행된다.
- 유치원 때는 맛있게 다 먹을 수 있도록 호빵맨 모양의 감자 샐러드, 문어 모양의 비엔나소시지 등 엄마의 정성이 가득 담긴 도시락을 먹었지만, 초등학교에서는 좋아하지도 않는 통일된 급식 메뉴를 먹어야 한다(다만, 어린이집에 다녔던 아이는 급식 훈련이 되어 있으므로 남기지 않고 먹을 수 있다).
- 엄마가 데려다주거나 데리러오지 않고 집단으로 등하교한다.

아이의 뇌는 하루아침에 변하지 않습니다. 초등학생은 유아기의 연장선상에 있습니다. 하지만 생활 전반에 걸쳐 아이의 자율성과 책임을 강조하고, 수업 방식에서도 비교적 엄격한 시간 관념과 규칙을 요구하는 등 아이를 둘러싼 환경에 큰 변화가 일어납니다.

이렇듯 초등학교는 유치원과 물리적인 환경부터 다릅니다. 환경이 바뀌면 생활 태도도 바뀌어야 합니다. 아이는 물론 뒷바라지하는 부모의 마음가짐도 유치원에서 벗어나 초등학교 1학년이 되어야 합니다.

아이의 성적밖에는 관심이 없다

　아이가 초등학교에 들어가면 싹 달라지는 엄마가 있습니다. 유치원 때는 빈 도시락을 보면 "어머, 깨끗하게 다 먹었네?" 하고 칭찬했지만, 학교에서는 급식을 남겼는지 다 먹었는지 알 수 없으므로 "착하게 급식을 다 먹었구나" 하고 칭찬하지 않습니다. 칭찬거리가 그만큼 줄어듭니다.

　친구와 사이좋게 놀았다고 기뻐하지도 않습니다. "학교는 공부하러 가는 곳이야. 친구랑 놀기만 하면 공부는 언제 할래? 어서 가서 공부해!" 하는 말이 날아옵니다.

　엄마의 변모를 아이는 피부로 느낍니다. 초등학생이 되었다고 해서 갑자기 공부 모드로 탈바꿈하지 마세요.

　아이가 학교에 가는 것을 우선 칭찬해 주세요. 무사히 집에 돌아온 것을 기뻐하세요.

유치원에 들어갈 무렵을 떠올려보세요. 엄마와 헤어지기 싫어 울기만 하는 아이를 두고 차마 떨어지지 않는 발걸음을 돌렸다가, 몇 시간 후 데리러 갔을 때 가슴이 벅차 자신도 모르게 아이를 꼭 끌어안아 준 기억이 있지 않은가요?

아이도 학교에 들어가 나름대로 긴장하며 애를 쓰고 있습니다. 돌아오자마자 "숙제할 거 없니? 얼른 숙제부터 해" 하고 매정하게 말하지는 마세요.

아이에게 한 번 웃어 주는 일, 아이를 한 번 안아 주는 일이 아주 사소하게 보이지만, 아이에게는 큰 의미로 다가갈 것입니다. 아이는 그저 부모가 자신을 보는 것만으로도 행복해한다는 사실을 알고 싶어할 테니까요.

초등학교 수업을 만만하게 생각한다

　제가 어렸을 때는 입학 전에 글자를 읽고 쓸 줄 몰라도 자기 이름 석 자만 쓸 줄 알면 학교 수업을 충분히 따라갈 수 있었습니다. 하지만 요즘은 과거에 비해 교과서 분량도 두꺼워지고, 내용도 어려워졌습니다. 그 때문에 수업을 따라가지 못하는 아이가 생기고 있지요.
　실제로 입학할 때 글자를 읽고 쓸 줄 모르는 아이는 손에 꼽을 정도입니다. 글자를 읽고 쓸 줄 모르는 아이는 입학식 날부터 뒤처질 수밖에 없습니다. 입학 첫날 칠판에 적혀 있는 "축 입학"이라는 글자도 그런 아이에게는 스와힐리어와 다름없습니다.
　의무교육은 초등학교 1학년부터 시작되므로 아이들이 글자를 모른다는 것을 전제로 교과 과정이 시작됩니다. 그러나 현실은 아이 대부분이 글자를 읽고 쓸 수 있으므로 선생님은 대다수 아이에게 맞춰 수업을 진행합니다.

반 아이들은 선생님이 칠판에 적는 글자를 읽고 옮겨 쓰기도 하는데, 글자를 모르는 아이는 그러지 못합니다. 수업 내용을 못 알아들으니 뭐가 뭔지 몰라서 집중도 안 됩니다.

5월이면 알림장에 스스로 다음날 준비물을 적어야 하고, 여름방학에는 그림일기 숙제를 해야 합니다. 글자를 읽고 쓸 줄 모르면 그 어느 것도 할 수 없는 상황에 처하게 됩니다.

특히 수학은 심각합니다. 1학년의 경우, 3년 전까지는 9+3, 13-4 같은 것이 1학년 때 가장 어려운 내용이었습니다. 요즘은 25+30, 78-30 등 두 자릿수 덧셈도 1학년 때 배웁니다.

2학년의 경우, 리터·데시리터 등의 부피 단위를 배웁니다. 분수도 2학년 때 배웁니다. 또 3학년 때는 소수를 배웁니다.

수학은 실력이 누적되는 교과목입니다. 아래 학년에서 배운 것이 몸에 배지 않으면 실력이 쌓이지 않습니다. 모르는 내용이 눈덩이처럼 불어나 급기야 손을 놓게 됩니다.

여러분의 아이는 입학 후 무시무시한 진도로 수업이 진행되는 환경에 내던져지게 됩니다. 유아기부터 아이는 무언가를 배우고자 합니다. 이 기회를 놓치지 말고 입학 전에 기초 학습을 해둬야 학교 수업을 겨우 따라갈 수 있는 것이 현실입니다.

학력이 인격 형성에 미치는 영향을 모른다

아이들은 초등학교에 들어가는 순간 아침 8시에 등교해서 오후 2, 3시까지 학교에 있어야 합니다. 잠자는 시간을 빼면 학교에서 보내는 시간이 집에서 보내는 시간보다 더 깁니다.

학교는 무엇을 하는 곳일까요? 사회성을 익히고 친구를 사귀는 곳이기도 하지만, 주목적은 학력을 키우는 것입니다. 그러므로 아이들은 공부를 하러 학교에 다니죠.

아이들은 입학 전에는 학용품과 책가방을 선물 받으며 입학일을 손꼽아 기다립니다. 저는 2월이 되면 유치원 상급생 아이들에게 묻습니다. "학교에 가면 뭘 하지?" 당연히 아이들은 "공부해요~!" 하고 기쁜 듯이 대답합니다. 그리고 형이나 누나가 된다는 기대에 가슴이 부풉니다. 1분 1초라도 빨리 유치원을 졸업하고 학교에 가고 싶어합니다.

그러나 유아기에 아무것도 해두지 않으면 입학 직후부터 아이의 웃음이 사라집니다. 기초적인 읽기와 쓰기, 셈하기를 익히지 못한 채 입학하면 매일 오랜 시간을 보내야 하는 학교에서 '선생님과 말이 통하지 않는' 상태에 빠집니다.

이런 아이들은 '학교가 재미없다, 학교에 가기 싫다'는 결론을 내리게 되죠. 결코 즐거울 수 없는 학교생활은 아이의 인격 형성에도 큰 지장을 초래합니다.

수업 내용을 이해하지 못한다→학교가 재미없다→학교에 가기 싫다. 아이가 이런 상태에 빠지느냐 않느냐는 유아기의 가정교육에 의해 결정됩니다.

097

100까지만 셀 줄 알면 만족한다

숫자를 가르친다고 목욕할 때 욕조에 아이를 넣고 "1부터 100까지 세면 나오기야" 하는 엄마가 많습니다. 숫자 세기 연습으로는 좋을 것입니다. 하지만 이런 방법으로 수 개념이 머리에 들어가리라고 생각한다면 착각입니다.

100쪽짜리 책을 주고 52쪽을 펴라고 하면, 첫 페이지부터 하나하나 헤아리는 아이와 중간 부분을 편 다음 거기에서 한두 장을 넘기는 아이가 있습니다. 똑같이 100까지 셀 줄 안다 해도 수 개념이 없으면 첫 쪽부터 일일이 넘기게 되죠.

초등학교 1학년 수학은 1부터 50까지의 숫자 안에서 수 가르기, 모으기, 비교하기, 읽기, 쓰기 등 숫자와 관련된 다양한 활동을 합니다. 10을 넘지 않는 수준에서 더하기 빼기를 하고, 기수와 서수를 익히게 됩니다.

수 개념을 가르치려면, 우선 실물로 한 개, 두 개, 세 개를 가르쳐야 합니다. '3'이 '세 개의 실체'라는 것을 경험함으로써 개념을 익히는 것입니다.

그다음 하나하나가 '한 마리인지 한 그루인지' 단위를 가르칩니다. 초등학생이라도 유리구슬 3개와 4개를 주고 모두 몇 개인지 물으면 (1)7개를 한 덩어리로 합쳐 하나, 둘, 셋, 넷, 다섯, 여섯, 일곱 하고 세는 아이와, (2)4개에 3개 중 1개를 더해 5개로 만든 다음 5개와 2개니까 7개라고 답하는 아이가 있습니다.

두 번째 아이는 체험을 통해 정확한 수 개념을 갖고 있습니다. 5를 한 덩어리로 파악할 줄 알죠. 그래서 계산도 빨라집니다. 받아올림을 활용해서 4+3을 계산합니다.

수를 센다는 것과 수 개념을 안다는 것은 전혀 다릅니다. 초등학교 저학년의 수학은 '산수보다는 국어'라고 할 정도로 문제 이해에 주력해야 합니다. 예를 들어 '−'를 뜻하는 말로 '빼기'뿐만 아니라 '덜어내다', '가져가다', '없어지다', '사라지다', '누구에게 주다' 등 빼기를 대신할 수 있는 어휘를 알아야 합니다. 따라서 국어는 물론 수학을 위해서도 책을 많이 읽히는 것이 좋습니다.

아이가 시계를 볼 줄 모른다

초등학교 1학년 수업 시간은 40분입니다. 수업이 끝나면 10분 동안 쉴 수 있습니다. 시계를 볼 줄 알아야 언제 수업을 준비해야 할지, 언제까지 휴식을 취할 수 있는지 잘 알 수 있지요.

그런데 아이가 시계를 볼 줄 모르면 어떻게 될까요? 간혹 "선생님, 숫자를 가르쳐 주고 시각이 숫자로 표시되는 전자시계를 사용하면 되잖아요?" 하는 엄마가 있는데, 그래도 집에는 가능한 전자시계를 두지 않는 것이 좋습니다.

시계를 볼 줄 안다는 것은 현재 시각을 안다는 뜻이 아닙니다. 시간 경과를 안다는 뜻입니다. 바늘이 달린 시계는 시간 경과가 눈에 보이므로 이것으로 바꿔야 합니다.

초등학교 1학년 아이들에게 눈을 감고 "60초(1분)가 지났다고 생각하면 손을 들라"고 하면 거의 정확하게 손을 드는 아이와 10

초도 못 되어 손을 드는 아이, 3분이 넘도록 손을 들지 않는 아이 등 갖가지입니다. 오차가 큰 아이일수록 시간을 감각적으로 이해하지 못하는 것입니다.

그러므로 집에는 숫자와 바늘이 있는 시계를 둬야 합니다. 가능하면 시각이 1~12까지 모두 표시된 시계를 사용하세요.

하지만 시계를 걸어 두는 것으로 안심해서는 안 됩니다. 자칫하면 벽지의 일부가 되어 버릴 수 있으니까요. "빨리빨리 해!"하며 시계를 가리켜 봤자 시계는 벽지에 불과할 뿐입니다.

시계를 마련한 후에는 아이와 함께 시계바늘을 돌려가며 시계의 원리를 알려 주세요. 초침이 한 바퀴 돌면 분침이 한 칸 움직이는데 그 시간이 1분이라는 것, 분침이 한 바퀴 돌면 시침이 바로 옆 숫자로 움직이는데 그 시간이 한 시간이라는 것을 알려 줍니다. 그렇게 시침이 두 바퀴 돌면 하루가 지난다는 것을 알려 줍니다.

시계의 원리를 알려 준 다음에는 유치원 가는 시간은 9시, 돌아오는 시간은 2시, 텔레비전 만화 보는 시간은 4시 30분, 저녁밥 먹는 시간은 7시 등 아이에게 자기가 하는 일의 시간을 알려 주세요. 또 "○○야, 시계 좀 보렴. 5분만 있으면 8시니까 이제 잘 준비해야지~"하고 시계를 가리키며 말하세요. 이런 대화가 있는 가정의 아이들은 입학 전에 시계를 볼 수 있게 됩니다.

시계는 10진법이 아닌 60진법으로 이루어집니다. 그래서 초등학교 선생님들이 가르칠 때 애를 먹는 단원이기도 합니다. "지금 시각은 2시 35분이에요. 30분이 지나면 몇 시 몇 분일까요?" 하는 질문에 얼른 답을 못하는 아이도 있습니다.

머릿속에서 시계바늘을 움직이지 못하기 때문입니다. 그래서 필산을 가르칩니다. 하지만 여기서도 머뭇거립니다. 10이 아니라 60으로 단위가 달라지므로 머리가 혼란스러워집니다.

 2시 35분
  +30분
 2시 65분 → 3시 5분

시계는 원리를 따지며 보는 게 아닙니다. 시계를 일상생활 속에서 접하다 보면 자연히 볼 줄 알게 됩니다. 놀이터에 데려갈 때도 바늘이 달린 손목시계를 채워 주고 "이제 집에 가자. 〈라바〉 할 시간이야"가 아니라, "4시 10분까지 놀다 가자. 4시 30분에 〈라바〉 시작하니까" 하고 말해 주세요.

그림책을 읽어 주면서 아이를 테스트한다

그림책을 읽어 줄 때 이렇게 해서는 안 됩니다.

"아기돼지 삼형제. 어느 곳에 세 마리의 아기돼지가 살았습니다. 첫째…." 아이는 열심히 듣습니다. 그런데 엄마의 질문이 갑자기 흥을 깹니다.

"이 집의 나무는 무슨 색이지?"

"갈색."

"그럼 갈색은 영어로 무얼까?"

"응… 핑크?"

"브라운이지! 몇 번을 말해야 알겠니?"

게다가 그림책을 다 읽고 나서 독후감을 요구합니다. "어때? 재미있었어?" 테스트에 이어 감상문까지 요구받자 아이는 그림책 자체가 싫어집니다.

그림책을 교과서처럼 활용한다

"짚이 뭔지 알아? 왜, 백화점 식품 매장에 가면 비싼 낫토를 포장해 놓은 풀 같은 거 있지? 그게 짚이야. 그걸 갖고 첫째 돼지가 집을 만들었다고. 알겠니?" 이런 설명을 늘어놓으면 안 됩니다.

아이는 알고 싶을 때 반드시 질문을 합니다. 묻지 않는다면 관심이 없다는 뜻입니다. 관심도 없는데 해설이나 설명을 줄줄 늘어놓는 것만큼 짜증나는 일도 없습니다.

의미를 정확히 몰라도 문맥으로 이해할 수 있습니다. 그림책을 읽어 주면서 그림이나 글에 대한 해설을 곁들이는 것은 삼가야 합니다.

그림책을 다 읽고 나서 설교를 하는 엄마도 있습니다. "그러니까 막내 돼지처럼 열심히 노력해야 하는 거야. 우리 태호도 그럴 수 있지?" 이러면 아이는 책읽기를 기피하게 됩니다. 엄마가 그림책을 가져오면 '으앙, 그림책이다! 또 시험 치려고!' 하고 긴장하죠. 더욱이 "짚으로 빨리빨리 집을 지은 다음 노는 첫째 돼지가 좋아" 하는 감상 같은 것은 결코 끌어낼 수 없습니다.

《꼬마 검둥이 삼보》그림책을 좋아하는 아이가 있었습니다. 하지만 아이가 가장 좋아한 것은 핫케이크를 와구와구 먹는 부분이었습니다. 신나게 먹는 장면이 무척 마음에 든 모양입니다.

《꼬마 검둥이 삼보》는 살아가는 용기와 지혜를 들려주는 이야기지만 어느 부분에 공감하느냐는 사람마다 제각각입니다. 그러므로 아이에게 "어땠냐"고 물어봤자 엄마가 원하는 답은 나오지 않습니다. 아이는 아이대로 "핫케이크를 와구와구 신나게 먹는 장면이 무지 좋았어!"라고는 차마 말 못하죠.

그림책을 교과서처럼 활용하지 마세요. 그렇게 하면 '이걸 외워야 하는데…' 하는 생각이 앞서게 됩니다. 그림책을 읽어 주면 아이의 마음은 감동으로 가득 차므로 공연히 거기에 찬물을 끼얹어서는 안 됩니다.

전래동화를 들려주지 않는다

 아이에게 전래동화를 들려주나요? 물론 현대 동화도 좋은 작품이 많습니다. 《구리와 구라 시리즈》나카가와 리에코 글. 야마와키 유리코 그림. 1963년부터 1997년까지 전 6권 발행. 구리와 구라라는 쌍둥이 생쥐의 이야기로 세계적인 베스트셀러가 되었다__옮긴이, 《첫 심부름》사카이 요리코 글. 하야시 아키코 그림. 1977년. 미이라는 여자아이가 처음으로 엄마의 심부름을 다녀온다는 내용__옮긴이 등은 아이들에게도 인기 있는 그림책입니다. 따뜻하고 귀여운 작품이죠. 하지만 이런 책만 읽히는 것은 좋지 않습니다.

 아이에게 반드시 들려줘야 할 것은 《원숭이와 게의 싸움》, 《모모타로》, 《한 치 동자》, 《북풍과 태양》, 《빨간 두건》, 《늑대와 일곱 마리 아기 염소》, 《커다란 순무》, 《카치카치 산》할머니를 잔인하게 죽인 너구리에게 토끼가 복수를 한다는 내용의 민화__옮긴이, 《이나바의 흰 토끼》일본 건국 신화에 등장하는 토끼 이야기__옮긴이, 《아기돼지 삼형제》, 《백설공주》 등의 전래동화입니다.

이 이야기들은 재미있을 뿐만 아니라 착한 일과 나쁜 일, 사람이 어떻게 살아가야 하는지를 가르쳐 줍니다.

《아기돼지 삼형제》는 첫째 돼지가 대충 지은 지푸라기집은 늑대의 입바람에 날아가고 막내 돼지가 오랫동안 고생하며 지은 벽돌집은 튼튼해서 늑대가 와도 끄덕없었다는 이야기입니다. 꾸준한 노력의 중요성을 일러 주죠. 《개미와 베짱이》, 《토끼와 거북이》도 마찬가지입니다.

《커다란 순무》라는 유명한 동화가 있습니다. 할아버지가 혼자 캐려 해도 뽑히지 않고, 할머니가 함께 당겨도 뽑히지 않고, 여자아이가 힘을 합쳐도 뽑히지 않고, 고양이가 도와도 뽑히지 않다가, 마지막에 쥐가 끼어들어서야 순무가 겨우 뽑혔다는 내용입니다.

만약 생쥐나 고양이가 뽑아도 뽑히지 않다가 마지막에 할아버지가 힘껏 당겨서 뽑혔다면 의미가 없습니다. 아무리 작은 힘이라도 가치가 있음을 전하는 이야기이므로, 큰 것부터 작은 것으로 이어지는 순서를 따라야지요.

이런 좋은 이야기부터 들려줘야 정서가 발달합니다. 전래동화를 많이 읽히거나 들려주세요.

잔혹한 그림책은 보여주지 않는다

'아이가 폭력적이 될 수 있다'고 결말이 잔혹한 그림책은 보여주지 않으려는 엄마도 있습니다. 하지만 잔혹한 그림책을 본다고 아이가 폭력적이 되지는 않습니다. 어릴 때부터 권선징악 개념을 익히려면 악인은 참혹한 결말을 맞는다는 사실을 일깨워줘야 합니다.

그림 동화 중《백설공주》초판에서는 왕자와 결혼하게 된 백설공주가 자기를 죽이려고 한 계모를 결혼식에 초대합니다. 그리고 새빨갛게 달아오른 쇠구두를 억지로 신겨서 죽을 때까지 춤을 추게 하죠. 이런 전래동화에는 꿈만 아니라 현실도 그려집니다. 부모는 그런 것을 전달하는 역할을 합니다.

권선징악을 모르는 아이의 장래는 더 위험합니다. 이보다 성인이 보는 텔레비전 드라마 등의 살인 장면이 훨씬 큰 문제입니다. 이런 프로그램은 녹화해서 아이가 없거나 잘 때 봐야 합니다.

103
책을 소리 내어 읽지 못하게 한다

아이가 그림책을 읽을 때 간혹 소리 내어 읽지 못하게 하는 엄마가 있습니다. 하지만 아이가 어릴 때 크게 소리 내어 읽는 습관을 들이면 목소리가 또박또박해지고, 자연스럽게 호흡도 잘 조절하게 됩니다.

소리 내어 읽기와 호흡이 무슨 연관이 있을까요? 소리 내어 읽기를 잘하지 못하는 아이는 도중에 숨이 멈추거나 새는 것을 볼 수 있습니다. 내쉬는 숨을 잘 조절하지 못하는 것이지요.

소리 내어 읽게 할 때는 긴 문장을 단숨에 끝까지 읽게 하세요. 억양을 살려서 빠르게 읽게 하면 단숨에 긴 문장을 읽을 수 있습니다. 이 방법은 매우 효과적이어서 호흡을 잘 조절할 수 있게 됩니다. 혀도 잘 돌아가 씩씩한 목소리로 빠르게 읽을 수 있습니다.

아이의 읽는 속도가 빨라졌다는 것은 두뇌 회전이 빨라졌다는 것을 의미합니다. 너무 빨리 읽으면 내용을 잘 모르지 않을까 걱정하는 엄마도 있는데, 천천히 음미하는 것과 이해하는 것은 별개의 문제입니다. 소리 내어 빠르게 읽었다고 해서 내용을 모르는 게 아닙니다.

내용을 이해하는지 못하는지는 소리 내어 읽게 해보면 바로 알 수 있습니다. 아이에게 책을 소리 내어 읽으라고 한 후 중요한 부분에서 읽기를 잠시 멈추었다가 다시 읽게 해보세요. 이때 자연스러운 억양으로 읽을 수 있는지 보면 됩니다.

아직 어려서 자연스러운 억양으로 잘 읽지 못할 수도 있습니다. 그럴 때는 부모가 먼저 읽은 후 아이에게 따라 읽게 하세요. 그림책을 읽어 준 후 쉼표나 마침표가 나올 때 잠깐 쉰 다음, 아이에게 방금 읽어 준 부분을 읽어보게 합니다.

이렇게 하면 우리말의 억양과 속도를 알게 됩니다. 같은 문장이라도 반복적으로 소리 내어 읽게 하면 점점 더 잘하게 됩니다.

아이가 초등학교 입학 전에 소리 내어 읽는 습관을 들이도록 도와주세요. 우선 아이와 함께 매일 10~15분 정도 소리 내어 읽는 시간을 가져 보세요.

처음에는 5분 정도로 시작하여 점차 10분으로 늘려 갑니다. 큰 소리로 중간 중간 쉬어가면서 읽게 합니다. 아이의 마음이 안정되고 머리가 맑아지며 두뇌 회전이 빨라져 이해력이 높아집니다.

그림은 칭찬하면서 글씨는 나무란다

어버이날에 유치원에 가면 교실 뒤에 〈우리 엄마〉라는 그림이 참 많이 붙어 있습니다. 그냥 보면 도깨비들 같습니다. 머리카락이 삐죽삐죽 곤두선 그림, 부처님처럼 머리가 꼬불꼬불한 그림, 앞니가 비죽 튀어나온 그림, 볼이 아주 새빨간 그림, 명란젓 같이 입술만 튀어나온 그림, 눈 위를 새파랗게 칠해 놓은 그림 등.

하지만 아이들을 데리러 온 엄마들의 얼굴은 그렇지 않습니다. 아이들은 가장 인상적인 부분을 제일 크게 그리죠. 가족을 그리면 대개 엄마가 가장 큽니다. 엄마가 가장 소란스럽고 강하니까요.

1980년대에 유행한 화장품들을 버리기가 아깝다고 여전히 소중히 간직하면서 펄이 든 시퍼런 아이섀도를 굵게 칠하고 다니는 엄마가 있었습니다. 그 아이가 그린 엄마는 한 대 얻어맞기라도 한 것처럼 눈두덩이가 시퍼렇습니다. 블러셔를 진하게 바르는 엄마는 연지곤지를 찍은 듯 볼이 시뻘겋죠.

이렇게 실물과는 동떨어진 그림을 가지고 와도 대부분의 엄마는 "참 잘 그렸네, 고마워" 하고 기뻐합니다. "엄마 머리가 왜 이러니? 다시 그려!" 하고 화를 내는 사람은 없습니다.

그렇지만 글씨 쓰기는 문제가 달라집니다. "여긴 틀렸잖아, 다시 써" 하고 밀어내죠.

그림은 칭찬하면서 글씨는 칭찬하지 않고, 그림은 고치라고 하지 않으면서 글씨는 고치라고 강요합니다. 그 때문에 그림 그리기는 즐거운 반면 글씨 쓰기는 싫어지므로 공부가 점점 괴로워지는 것입니다.

글씨를 쓰는 것도 즐거운 표현 활동입니다. 화내지 말고 칭찬해줘야 합니다.

틀린 글자를 빨간 펜으로 고쳐 준다

초등학교 1학년 국어는 《말하기》, 《듣기》, 《읽기·쓰기》의 세 권으로 이루어져 있습니다. 한 가지 주제를 가지고 말하기, 듣기, 읽기·쓰기 수업이 이루어집니다. 쓰기는 ㄱ, ㄴ, ㄷ부터 정확한 획순으로 쓰는 연습을 하게 됩니다.

그런데 아이 중에는 획순을 바르게 쓰는 데 어려움을 느끼는 경우가 많습니다. 글씨 쓰기를 가르칠 때 획순보다는 글자를 빨리 익히고 쓰는 데 중점을 둔 까닭인데, 시간이 걸리더라도 획순에 맞춰 쓰도록 하는 것이 좋습니다.

그런 한편 'ㅎ'을 열 번 쓰게 하면 그 중 아홉 번은 'ㅇ' 위에 선 하나만 긋는 아이도 있었습니다. 'ㅊ'이 'ㅈ' 위에 선 하나를 긋는 식이므로 'ㅎ' 역시 그럴 것이라 생각한 거죠. 그런데 우연히 맞게 쓴 'ㅎ'이 하나 있었습니다.

이럴 때 여러분이라면 어떻게 하겠습니까? 대부분은 틀린 아홉 개의 'ㅎ'을 빨간 펜으로 바로잡으며 "이건 'ㅊ'하고는 달라. 선이 두 개라고 몇 번 말해야 알아듣니?" 하고 주의를 줍니다. 그러면 아이의 의욕은 뚝 떨어지고 맙니다. 글씨 연습이 싫어집니다.

바람직한 대응은 맞게 쓴 'ㅎ'에만 형광펜으로 동그라미를 그려 주는 것입니다. 글자를 가리지 않도록 주위에 꽃잎도 넣어 주면 더욱 좋죠. 그러면 아이는 다른 글자가 틀렸음을 저절로 깨닫습니다. 그리고 다음부터는 동그라미가 쳐진 글자를 열심히 쓰게 됩니다.

아이가 쓴 글씨는 삐뚤빼뚤하고 지저분합니다. 엄마 얼굴은 도깨비처럼 그려도 그냥 두지만, 글씨는 바르게 고쳐주고 싶어집니다. 아이의 글씨가 엉망인 것은, 소근육을 움직여 조작하는 시운동 협응 능력의 발달이 늦어서입니다.

그래도 거듭거듭 바른 모양을 보고 따라하다 보면 언젠가 아이도 획순에 맞춰 바로 쓰게 됩니다. 그런 다음 '공책은 왼쪽에서 오른쪽으로 순서대로 쓴다'는 규칙을 알려 주고, 공책 줄에 맞춰서 또박또박 가지런하게 쓰는 연습을 하게 하면 상당한 개선을 기대할 수 있습니다.

선생님 중에도 아이의 글씨를 유독 깐깐하게 점검하고 빨간 펜으로 수정하는 사람이 있는데, 그러면 아이는 글씨 쓰기를 꺼리게 될 뿐입니다.

운동을 잘하면
공부는 안 해도 된다고 생각한다

아무리 공부 제일주의인 세상이라지만 공부만 잘한다고 모든 것이 해결되지는 않습니다. 공부만 잘하는 아이들이 사회에 나가면 얼마나 어리숙한 존재인지 실체가 그대로 드러나기도 합니다.

그렇다고 해서 공부가 불필요한 것은 아닙니다. 자신감과 인내력, 선택의 폭을 넓히기 위해서도 공부는 열심히 해야 합니다. 설령 운동을 잘해 국가대표 선수가 되더라도 짧은 선수 생활을 마친 후 코치로라도 먹고살려면 어느 정도의 학력은 필요합니다.

물론 공부를 할 때는 자신이 무엇을 위해 공부하는지 알아야 합니다. 공부를 통해 강인한 정신력이 길러진다는 사실 또한 인식하고 있어야 합니다.

대학입시만을 목표로 공부하다 보면 시험이 끝나는 순간 공부에 대한 의욕도 사라집니다. 그럼에도 공부는 안 하는 것보다 하는 것이 낫습니다.

부모라면 공부를 너무 안 해서 학업을 포기하는 아이가 되지 않도록 도와야 합니다. 공부를 싫어하는 아이도 한 번은 공부를 해야겠다고 마음먹을 때가 있습니다. 그럴 때 아이가 뒤늦은 후회와 좌절로 힘들어하지 않도록, 자신을 내버려둔 부모를 원망하지 않도록 해야 합니다.

무엇보다 아이에게 공부의 목적은, 좋은 대학에 들어가기 위해서나 1등을 하기 위해서가 아니라 정신을 단련하기 위한 것이라는 사실을 꼭 알려줘야 합니다.

공부는 모르는 것과 어려운 것을 하나하나 극복해가는 일입니다. 어려운 문제라도 쉽게 포기하지 않는 자세를 기르는 훈련 과정입니다. 무엇이든 하나하나 착실히 하다 보면 반드시 성취할 수 있다는 자신감과 정신력을 기를 수 있는 것입니다.

107
공부를 못하는 아이의 좌절감을 체감하지 못한다

초등학교 입학 후 수업을 따라가지 못하던 아이가 입학한 지 반 년이 되는 9월에 엄마의 손에 거의 강제로 이끌려 저희 학원에 찾아왔습니다.

아이의 얼굴은 어둡습니다. 엄마의 말에 따르면, 초등학교에 들어간 후 반 년이 되는 동안 내내 낙제 점수를 받았다고 합니다. 학교에서 아이의 학력이 너무 뒤떨어지므로 가정학습에 신경 써달라고 했다는군요. 하지만 엄마는 맞벌이로 일하고 있고 그 아이 밑으로 동생도 둘이나 있어서 공부를 직접 가르칠 수 없는 환경이었습니다.

아이는 이미 '공부하기 싫다'는 기색이 완연했고, 화장실에 간다고 나가서는 좀처럼 돌아오지 않습니다. 학용품을 가져오겠다는 핑계로 몇 번이나 자리를 뜹니다. 지우개 찌꺼기를 모아서 손가락으로 꾹꾹 뭉치며 놉니다. 학습에 대한 반응도 늦어서 수업을 시작하고 15분이 지나도록 아무것도 하지 않습니다. 숙제도 강하게 거부합니다.

반면 공부를 잘하는 아이는 교실에 들어와서 학습에 들어갈 때까지 걸리는 시간이 짧고 숙제도 스스로 요구합니다. 당연히 학력은 점점 향상되죠. 딱히 공부할 필요가 없는 아이는 열심히 하고, 반드시 해야 할 아이는 하지 않습니다.

그 아이가 다녔던 0~6세까지의 어린이집에서는 글자를 읽고 쓰는 법을 가르치지 않았습니다. 10월이면 학교 수업 시간에 받아올림이 있는 덧셈을 가르치는데, 아이는 3+2조차 할 줄 모릅니다. 10은 무엇과 무엇을 더해 만들어지는가 하는 합성과 분해도 이해하지 못합니다.

수업 중에 뒷자리에 앉은 학생이 "이렇게 쉬운 문제도 못 푼다"며 비웃었습니다. 그러자 프린트물이 갑자기 젖어들었습니다. 아이는 굵은 눈물방울을 뚝뚝 흘리고 있었습니다. '여기도 학교하고 똑같다'는 것입니다.

아이는 '학교는 지옥이라서 가기 싫다, 수업은 무슨 말인지 모르겠다. 아이들이 늘 바보라고 놀린다'고 했습니다. 아이에게 특히 수학은 고역이었습니다.

아이는 알아듣지도 못하는 수업을 40분씩 하루에 5교시나 앉아서 들어야 했고, 그 시간을 못 견디고 자리에서 일어나 버리곤 했기 때문에 야단을 맞는 일도 잦았다고 합니다.

유아기로 시간을 되돌릴 수는 없습니다. 그래서 아이가 반드시 맞힐 수 있는 간단한 문제를 내주었습니다. 100점을 받았다는 성취감을 맛볼 수 있는 문제들이었죠.

학교에서는 맛보지 못한 성공을 체험하자 아이의 얼굴은 점차 밝아졌습니다. '학원에 다니는 게 즐거워졌다'고도 했습니다.

2학년이 되어 부피와 길이 등 점차 어려운 단원에 들어갔지만, 구구단 하나만은 잘 외웠기 때문에 우선 구구셈을 시켜서 의욕에 불을 지펴 준 다음 각 단에 따라 쉬운 문제를 내주었습니다. 어려워서 못 풀 만한 문제는 아이에게 내주지 않았습니다.

이 아이는 학습장애LD가 있는 게 아니므로 머리에는 문제가 없었습니다. 자라난 환경 때문에 인생의 첫 난관을 극복하지 못한 것뿐입니다.

고작 수학 문제를 못 풀 뿐이지만, 아이에게는 삶 자체를 부정당하는 것입니다. 공부를 못한다는 것은 참으로 괴로운 일입니다. 그러므로 1학년 초부터 뒤떨어지지 않도록 미리 준비를 해야 합니다.

교과 내용을 미리 알면
선생님이 싫어한다고 생각한다

'입학 전에 교과 내용을 미리 알고 가면 선생님이 싫어하지 않을까' 하고 걱정하는 엄마가 있습니다. 그렇지만 아는 것이 많다고 선생님에게 미움 받을 일은 없습니다.

간혹 교과 내용을 이미 알고 있는 아이가 선생님에게 미움을 받는 경우가 있을 수 있습니다. 하지만 그것은 단순히 교과 내용을 알고 있어서가 아니라, 선생님이 무언가 가르치려고 하면 아이가 "나 그거 알아요! 엄마가 가르쳐 줬어요!" 하고 말을 가로막는 예의 없는 행동을 하기 때문입니다.

열심히 수업 준비를 해온 선생님은 그 순간 의욕이 꺾여 버리죠. 선생님도 사람이니 그 아이에게 좋은 감정을 가질 수 없습니다.

유아들을 대상으로 수업하다 보면 답을 몰라도 무조건 손을 드는 아이가 태반입니다. 반면 분명히 대답할 자신이 없으면 손을 못

드는 아이도 있습니다.

선생님은 간단한 문제를 내고 이처럼 내성적인 성격으로 좀처럼 손을 못 드는 아이를 일부러 시켜보려 했습니다. 이만하면 대답할 수 있을 거라 생각하고 "'가'로 시작하는 낱말은 뭐가 있을까요?" 하고 묻자, 지호라는 얌전한 아이가 손을 들었습니다. 선생님은 "네, 그럼 지호가 납해 볼까요?" 하고 아이를 가리켰습니다. 그런데 그 옆에서 남수라는 아이가 "가위요!" 하고 대답합니다. 이런 행동이 선생님의 눈 밖에 나는 원인입니다.

이런 일을 막으려면, 다른 사람이 이야기할 때는 꾹 참고 듣게 해야 합니다. 엄마가 친구나 선생님과 이야기할 때 끼어들지 않고, 수업 중에는 친구와 잡담을 하지 않도록 미리 훈련이 되어 있어야 합니다.

선생님이 싫어하는 또 한 가지 유형은, 아이가 수업을 듣지 않거나 집중하지 않는 것입니다. 그런데 그런 아이 중에는 글자나 숫자를 배워 본 적이 없어 수업 내용도 모르고 설명도 못 알아듣는 경우가 있습니다. 그런 의미에서도 유아기에 기초적인 읽기와 쓰기, 셈하기를 익혀 둘 필요가 있습니다.

교과 내용을 미리 알면
수업이 따분해진다고 생각한다

그렇지 않습니다. 기초 지식이 있는 아이가 가장 진지하게 수업에 임합니다. 어른도 내용을 못 알아듣는 강의는 듣기 싫어합니다. 기초 지식이 있고 관심이 있는 내용이기에 듣고 싶은 것입니다. 아이도 그렇습니다. 기초 지식을 쌓은 뒤에 수업에 임하면 그 내용이 머리에 쏙쏙 들어오게 됩니다. 이런 아이는 점점 더 집중해서 공부하고, 숙제도 잘해 옵니다.

한편 수업 내용을 못 알아듣는 아이는 점점 공부가 싫어집니다. 수업 시간이면 졸리고, 얼른 수업이 끝나기만 기다리며 지우개 찌꺼기를 뭉치거나 책받침을 이리저리 휘며 놀죠. 모르는 내용이니 숙제도 하기 싫고, 실제로 하지도 않습니다. 그래서 성적은 점점 더 떨어집니다.

게다가 지도력이 부족한 선생님을 만나기라도 하면 최악의 사태가 벌어집니다. 수업 시간은 더욱더 따분하고 재미없어지며, 그 때문에 선생님의 눈 밖에 나게 됩니다.

선행 학습은 '우월'이 아닌 '기본'을 맞추기 위해서 필요합니다. 다만, 교과서로 직접 공부하는 것은 좋지 않습니다. 잡힌 물고기에게 먹이를 주지 않듯 아이들은 다한 것을 지우고 다시 풀거나 주의집중해서 듣는 성인은 못 되기 때문입니다.

요즘은 교과서와 연계된 기초 학습서들이 많이 나와 있습니다. 교과서는 아니지만 책의 내용을 바탕으로 구성했기 때문에 공부하는 것 같지 않게 재미있게 글씨 쓰기 연습 등을 하면서 학습까지 할 수 있습니다.

또 교과서 지문으로 등장하는 원전을 미리 읽혀 두는 것도 좋은 방법입니다. 교과서에 실린 이야기들은 교과서에 맞도록 재구성했기 때문에 원전에 비해 읽는 맛이 훨씬 떨어집니다. 원전을 구해 읽는 것도 권하고 싶은 선행 학습의 한 방법입니다.

선행 학습이 완전 학습이 되어서는 안 됩니다. 선행 학습은 서양 요리의 에피타이저처럼 살짝 입맛을 돋울 정도로만 해주는 것이 좋습니다. 선행 학습한다고 교과서를 미리 푸는 오류는 범하지 마세요.

글을 마치며

'존재승인存在承認'이라는 말이 있습니다. 아이가 그곳에 존재하는 것만으로도 기쁨을 느낀다는 뜻입니다.

중증 장애아를 둔 부모는 그 존재승인을 느낍니다. 침대에 누워서 지내든 링거나 배뇨관을 달고 지내든 어떻게든 살아 있기만 바랍니다. 그런데 건강한 아이의 부모는 존재승인은 고사하고, 아이의 모자란 부분만 찾으며 점점 더 많은 것을 요구합니다.

집에서나 유치원에서나 꾸중만 듣다 보니 '어차피 나 같은 건…' 하고 자포자기하는 아이도 있습니다. 이때 중요한 것이 바로 '칭찬'입니다.

저는 유아 교실의 아이들을 보며 타고난 유전적 요인과 가정환경적 요인에 의한 능력 차이가 존재함을 느낍니다. 그러므로 저는 유치원 상급반이라면 누구나 이 정도 글자는 쓸 수 있어야 한다거나, 1학년 2학기에는 누구나 이 정도 문제는 풀 수 있어야 한다거나 하는 기준으로 아이를 평가하지 않습니다. 한 사람 한 사람에게 맞는 '잣대'를 가지고 아무리 사소한 일이라도 꼭 칭찬합니다.

아이에게 부정적인 말을 던지는 대신 인정하고 칭찬해 주면 아이는 자신감을 갖습니다. 엄마의 힘으로 유아기에 '자기긍정감', '자존감'을 키워 주세요.

사람의 뇌는 신기하게도 부정적인 생각을 새기면 제 능력을 발휘하지 못하고, 긍정적인 경험이나 생각을 새기면 능력 이상의 힘을 발휘합니다. 그러므로 아이가 '어차피 나 같은 건…' 하는 생각을 품지 않도록 늘 자신감을 불어넣어 주세요.

한 초등학생 아이는 공책이나 필통도 없이 몸만 달랑 와서 우울한 얼굴로 문가에만 앉아있곤 했습니다. 유아기에 최소한의 읽고 쓰기와 셈하기를 가르치지 않은 탓에 공부에 대한 거부 반응이 생긴 것입니다.

그런 아이에게 "너는 대체 왜 매일 지각이니! 그렇게 우두커니 서 있지 말고 얼른 교실로 들어가서 수업 준비해! 뭐? 아무것도 안 가져왔다고? 오늘이 무슨 요일인지는 알지? 네가 다른 친구들까지 방해하고 있는 거 알아, 몰라! 너 진짜 안 되겠구나!" 하고 다그치는 것은 아이의 인성을 파괴하는 최악의 선생님입니다.

선생님이라면 "늦었구나, 선생님이 얼마나 기다렸다고", "얼굴을

봐서 다행이다", "추운데 안 빠지고 나왔구나, 기특해라" 하고 말해야 합니다.

그러나 무엇보다 이런 아이가 되어서는 안 됩니다. 자기 혼자 글도 못 읽고 숫자도 셀 줄 모르는 환경에 처한 아이의 모습을 상상해 보세요. 입학하기 전까지 글자를 익히고 수 개념을 잡아 주는 것은 부모의 의무입니다.

아무것도 배우지 않고 초등학교에 들어가도 공부를 곧잘 하는 아이가 있는가 하면, 그렇지 않은 아이도 있습니다. 이 차이는 타고난 유전적 요인과 출생 후 이어진 환경적 요인 즉 가정환경이 원인입니다. 특히 국어와 수학은 어려서부터 책을 읽어 주었는지, 시계나 달력을 걸어 두기만 하지 않고 그것을 생활 속에서 활용했는지 하는 환경적 요인이 큽니다.

무조건 학원이나 유아 교실에만 맡겨서는 안 됩니다. 육아의 주체는 누가 뭐라고 해도 가정입니다.

인격의 기초는 유아기에 만들어집니다. 어릴 때 쌓은 성공 경험은 앞으로 이어갈 삶의 큰 원동력이 됩니다. 자기 존재나 가치를 적극적으로 긍정할 수 있는 아이로 길러야 이후의 삶도 풍요로워집니다.

다테이시 미츠코

옮긴이 **서현아**

성심여자대학교(현 가톨릭대학교)를 졸업하고, 명지대학교 평생교육원 번역작가 과정을 수료했다. 고등학교 시절부터 만화에 푹 빠져 10년 넘게 만화 전문 번역가 및 일어 전문 번역가로 활동하고 있다.
번역서로《만화의 시간》,《나는 지금 생각할 시간이 필요하다》,《우울과 부드러움의 이야기》,《20대에 꿈꾸는 작은 사랑 이야기》,《아무도 알려주지 않는 음식점 성공 비결 72가지》,《스튜디오 지브리 아트북 시리즈》등이 있고, 만화로《바람 계곡의 나우시카》, 《20세기 소년》,《배가본드》,《미스터 초밥왕》외 다수가 있다.

**초등학교 입학 전
부모가 해서는 안 되는
말과 행동 109**

1판 1쇄 _ 2014년 7월 10일

지은이 _ 다테이시 미츠코

옮긴이 _ 서현아

펴낸이 _ 심현미

펴낸곳 _ 도서출판 북라인

출판 등록 _ 1999년 12월 2일 제4-381호

주소 _ 서울시 성동구 금호로 107

전화 _ (02)338-8492 팩스 _ (02)6280-1164

ISBN 978-89-89847-59-5

· 잘못 만들어진 책은 바꾸어 드립니다.

· 값은 뒤표지에 있습니다.

SHOGAKKO NI HAIRU MAE NI OYA GA YATTEWAIKENAI 115 NO KOTO
Copyright © Mitsuko Tateishi
Korean translation rights arranged with Chukei Publishing Company through
Japan UNI Agency, Inc., Tokyo and Korea Copyright Center Inc., Seoul.

이 책은 (주)한국저작권센터(KCC)를 통한 저작권자와의 독점 계약으로
도서출판 북라인에서 출간되었습니다. 저작권법에 의해 한국 내에서 보호를 받는
저작물이므로 무단 전재와 복제를 금합니다.